U0615488

博古圖錄考正

（第四册）

UESTCP

电子科技大学出版社

第四册目録

博古圖録考正卷第十九

鬲鍑總説

鬲一十六器

商二器

母乙鬲銘五字

雷紋饕餮鬲

周一十四器

蔑敖鬲銘一十一字

伯鬲銘四字
帛女鬲銘五字
師鬲銘五字
仲父鬲銘一十六字
慧季鬲銘三字
丁父鬲銘三字
京姜鬲銘一十一字
戈足鬲

漢一器

獸耳鍑

盉總說

盉一十四器

商二器

阜父丁盉銘六字

執戈父癸盉銘三字

周一十器

粟紋盉

細紋熊足盉

漢二器

鳳盉

螭首虬紋盉

鬲鍑總說

周官三百六十各有司存陶人之職所司之
物而鬲居其一夫鬲與鼎致用則同然祀天
地禮鬼神交賔客脩異饌必以鼎至於常飪
則以鬲是以語夫食之盛則必曰鼎盛語夫
事之革則必曰鼎新而鬲則特言其器而無
義焉亦猶簠所盛者稻粱簋所盛者黍稷而
已故王安石以鼎鬲之字為一類釋之以謂

鼎取其鼎盛而鬲言其常飪其名稱其字畫莫不有也今攷其器信然且爾雅以鼎款足者謂之鬲而博雅復以敲鏤鬲鍑鬵甗皆為鬴則鬲鼎屬又鬴類也然而五方之民言語不通則名亦隨異故北燕朝鮮之閒謂之錪或謂之餅江淮陳楚之閒謂之錡或謂之鏤惟吳楊之閒乃謂之鬲名稱雖異其實一也漢志謂空足曰鬲以象三德蓋自腹所容通

於三足其製取夫爨火則氣由是而易以通也若鍑之為器則資以熟物而許慎謂似釜而大口蓋是器特適時所用非以載禮今考其所存則鎔範以成者似異乎許氏之說豈非不必拘於形製徒取諸適用而然乎

商母乙鬲

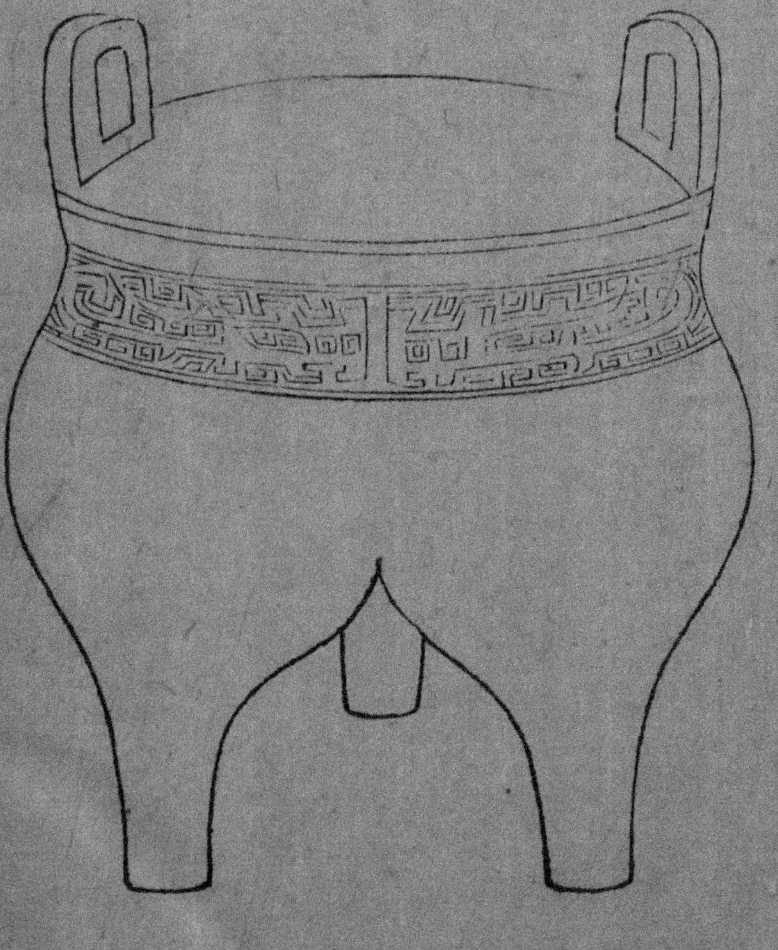

亞形中
孫執戟
母乙

右高四寸七分深二寸九分口徑四寸二分
容一升六合重一斤十有二兩兩耳三足銘

作亞形中孫執戟字曰毋乙按天有十日以甲乙第其次商自報丁以来始以是為號至丁天乙是為成湯由成湯傳二十八王至于帝辛未有不以是為稱者其間有祖乙小乙武乙帝乙則毋乙者疑為乙稱之后而後世子孫名之也商祖於契契之生實自有娀氏之女而詩於長發嘗及之則知具毋道者皆得廟食也故周繼商之後亦有姜嫄之廟而

後世又以為禖神焉肰則商毋乙鬲豈非用於宗廟之器耶

商雷紋饕餮鬲

右高九寸深五寸九分口徑八寸容一斗一升重一十斤二兩兩耳三足無銘是器鬲也與它器無小異但所受稍大三股各作一饕餮形下醬其足號饕餮之間錯以雷紋純緣而下復環以夔三分其體而介之以鼻左右從橫視之皆成獸形考諸商器類多似此

周蔑敖鬲

蔑敖祿光康
○○孝永寶德

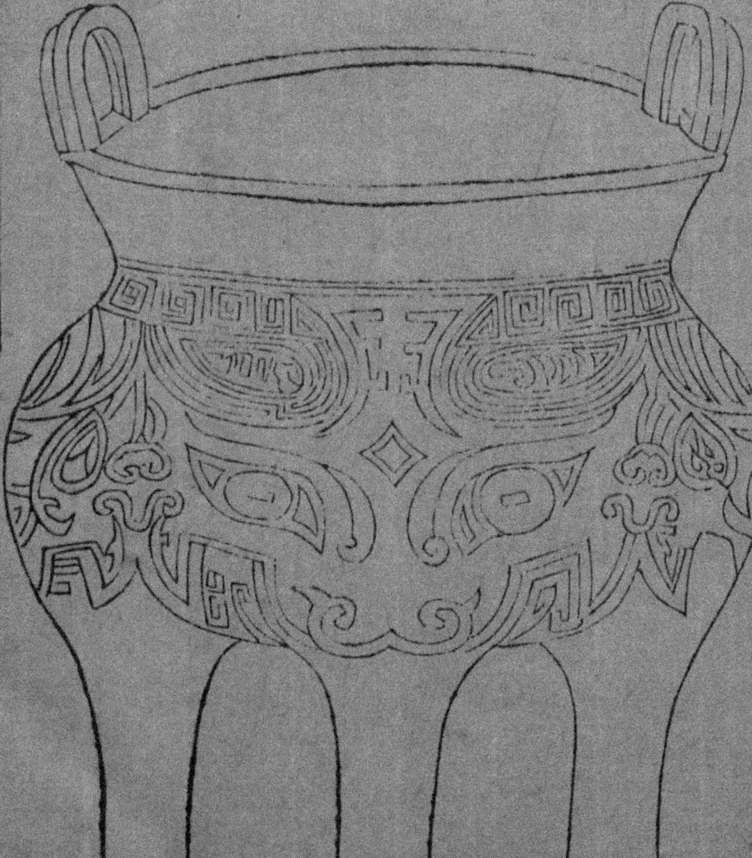

右高五寸七分深三寸二分口徑四寸五分
容一升九合重二斤八兩兩耳三足銘十有
一字所可辨者九字而巳敖上髟𩬊若蔑字
按楚之君有霄敖若敖杜敖郟敖而其名官
亦曰莫敖所謂蔑敖殆出於斯耶楚周諸侯
國故其器作周之形制曰光康者古人銘意
蓋未可以臆論也

周伯鬲

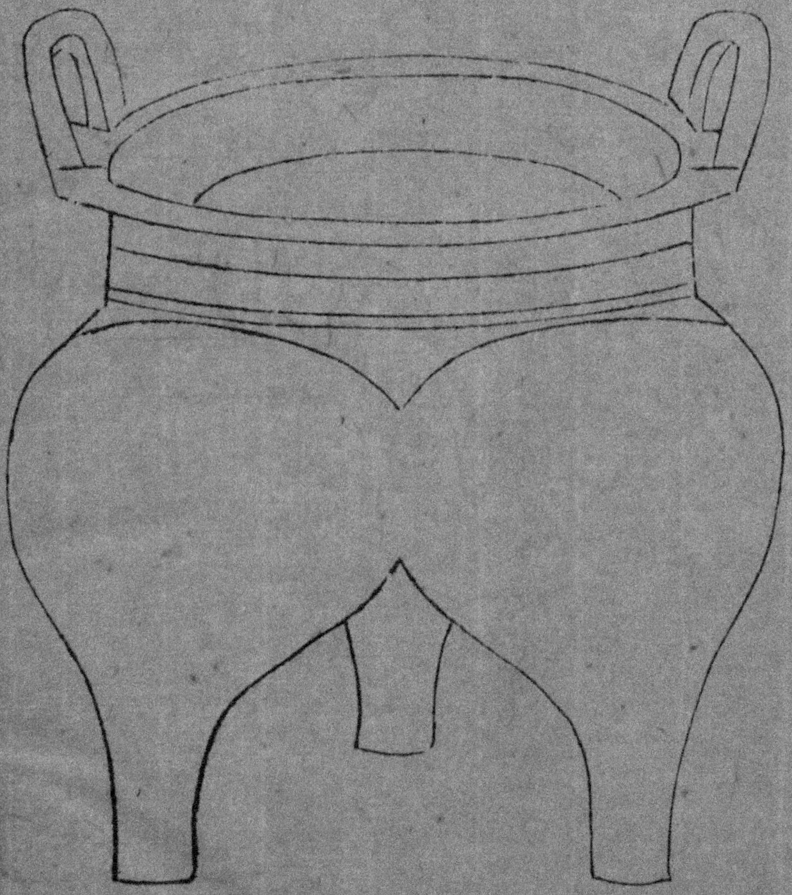

伯作寶彝

右高四寸八分深三寸口徑四寸二分容三升六合重一斤十有五兩兩耳三足銘四字

按寶器以伯為銘者多矣尊敦彝舟爵皆有伯作之銘觀古人或以伯為謚或以伯為名或以伯仲第其序或以侯伯列其爵所稱非一而此曰伯者殆未可以私智決也

周帛女鬲

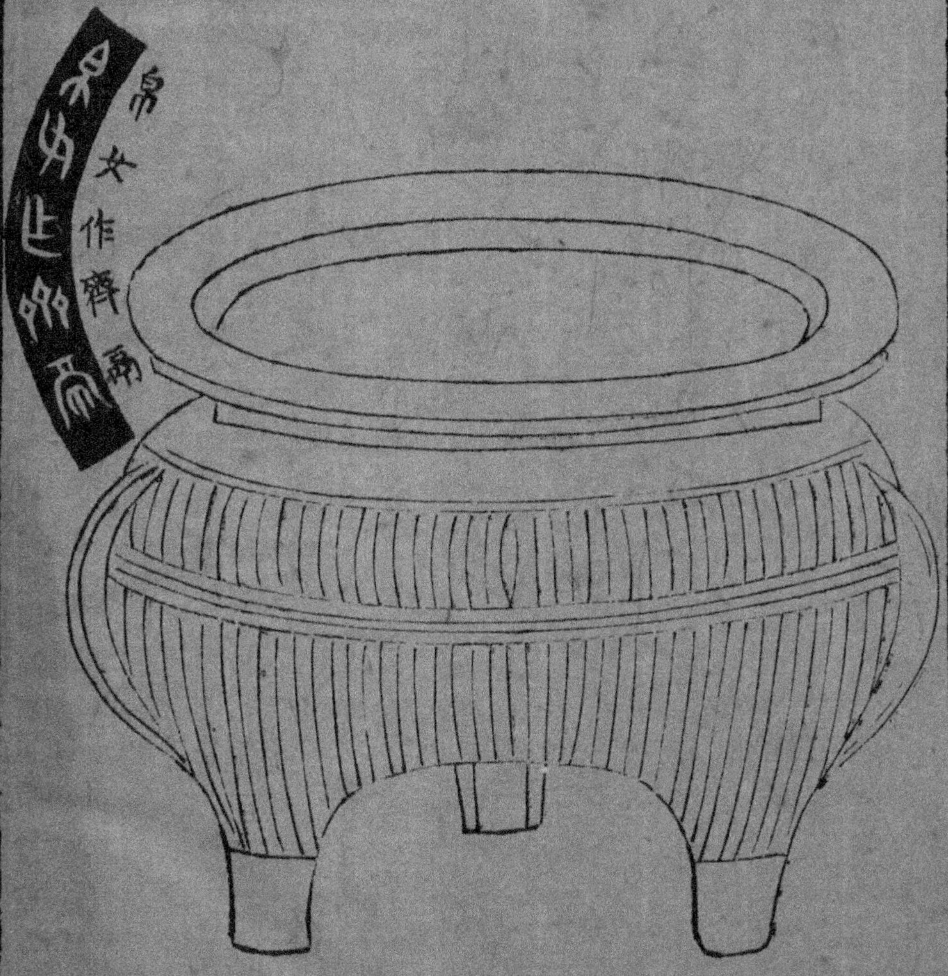

帛女作齋鬲

右高四寸深二寸四分口徑四寸容一升六合重二斤一兩銘五字曰帛女作齋鬲帛女疑宮女之有職者歟攷周官自九嬪世婦之餘所可見者司服縫人而已初無此名也豈非自周之東典禮不存因其職而命之歟不然則諸侯不敢擬於天子而有是職歟漢廣川王以陶望卿主繒帛疑亦祖述周人之意其曰作齋鬲蓋於祭祀之齋而所用之器也

周師鬲

師○作寶鬲

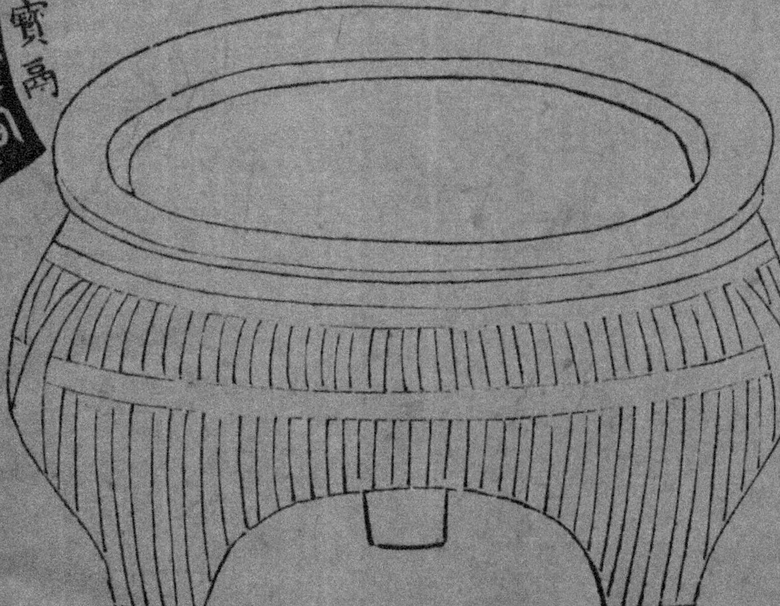

右高三寸一分深二寸二分口徑三寸五分容一升重一斤十有一兩三足銘五字曰師作寶鬲内一字未詳昔者以師稱其官則有若尹氏大師者是也以師稱其姓則有若師曠師丹者是也此器銘曰師疑以師言其姓或言其官耳製作簡古雖周之物殆有商之遺意焉

周仲父鬲

右高四寸深二寸二分口徑四寸一分容一
升三合重二斤三是銘十有六字仲下一字

不可辨昔有仲山父仲慶父仲考父召仲丁父仲仁父而此曰仲父者蓋未知其為誰考其製作乃與聿遠鬲稍相近耳且諸器款識有曰孫子有曰子子孫孫有曰子子孫蓋孫可以為王父尸子不可以為王父尸故言孫子而以孫為先言之不是至於重複故言子子孫孫而不嫌其煩或疊言或單舉以互見故言子子孫而不嫌其畧若此器再言子子

人從而系之是為孫孫之義盖孫亦子屬不待指而後著矣噫古人制器尤在於遺後世且欲傳守不失故以子孫為丁寧若乃漢器銘子孫者十無二三此所以不純乎古也

周慧季鬲

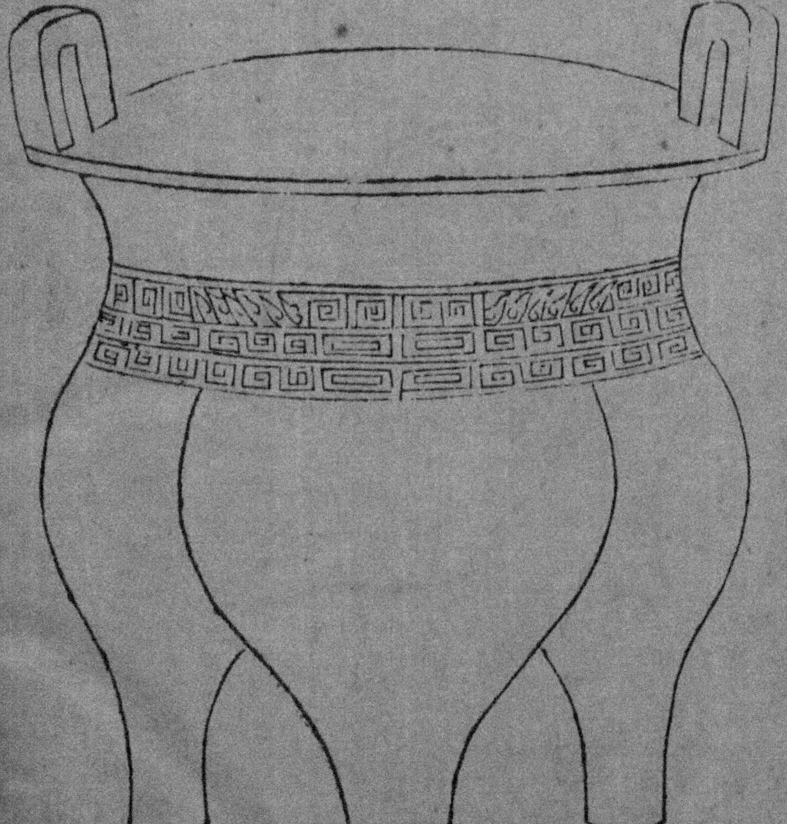

慧季作

右高四寸三分深二寸六分口徑四寸二分容一升六合重二斤三兩兩耳三足銘三字

按慧與惠通虢姜敦款識有惠仲春秋有惠伯惠叔而此鬲銘之為惠季豈非惠為氏而伯仲叔季者乃其序耶

周丁父鬲

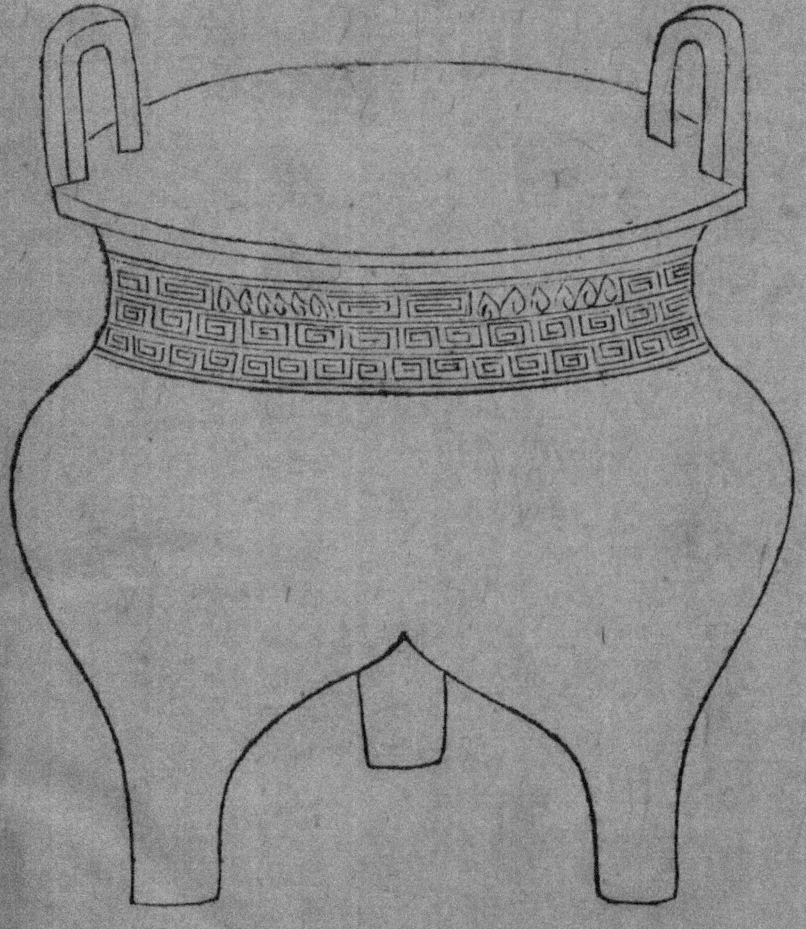

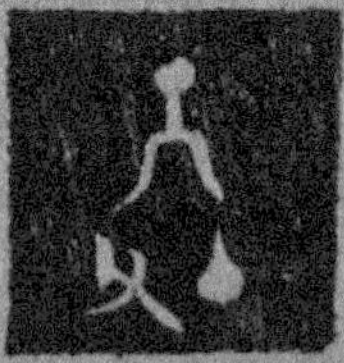

孫
父丁

右高四寸八分深三寸二分口徑四寸七分
容（闕一字）升七合重一斤十兩兩耳三足銘三字

闕三字但知十干為商名遇款識有十干者
闕三字商故或以丁父鬲為商器蓋誤矣按
闕三字於甲曰父甲丁曰父丁己曰父己辛
曰父辛乙曰父乙皆尊其父而上之未見有
闕三字者兼商鬲皆以父丁為銘若謂丁父
闕三字器則是古人於名號間有變易矣將
闕三字後世乎蓋在周之火公望再世而有
闕三字其後世以丁為氏是鬲周物也豈其

闕三字子孫為其家廟而作耶曰孫則又以

闕三字作之以奉其祖者也

周京姜鬲

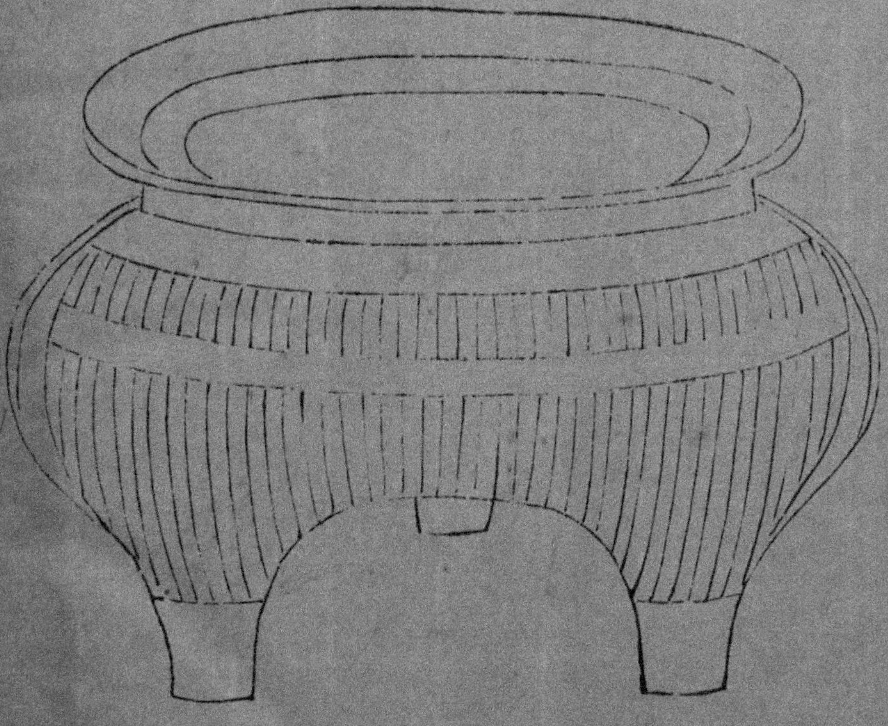

京姜庚仲作尊鬲其永寶用

右高三寸四分深二寸二分口徑三寸四分容九合重一斤九兩三足銘十有一字按詩之思齊曰思齊太任文王之母思媚周姜京室之婦太姒嗣徽音則百斯男盖大王之妃曰太姜王季之妃曰太任文王之妃曰太姒曰京姜者京室之婦也周有天下在武王時及其追尊祖考則以古公爲大王季歷爲王季於是國以京言之故謂之京姜

周戈已鬲

右高五寸一分深三寸四分口徑四寸一分容一升二合重一斤二兩兩耳三足無銘是爵足銳如戈按戈兵器也戡戮戰伐皆從之蓋有傷物之意故古爵悉爲此狀釋者謂爲酒戒令爵以飪物而其足復作此豈非一食之間過亦爲害耶則聖人之垂訓其見於製作防患何所不至也

周直紋鬲

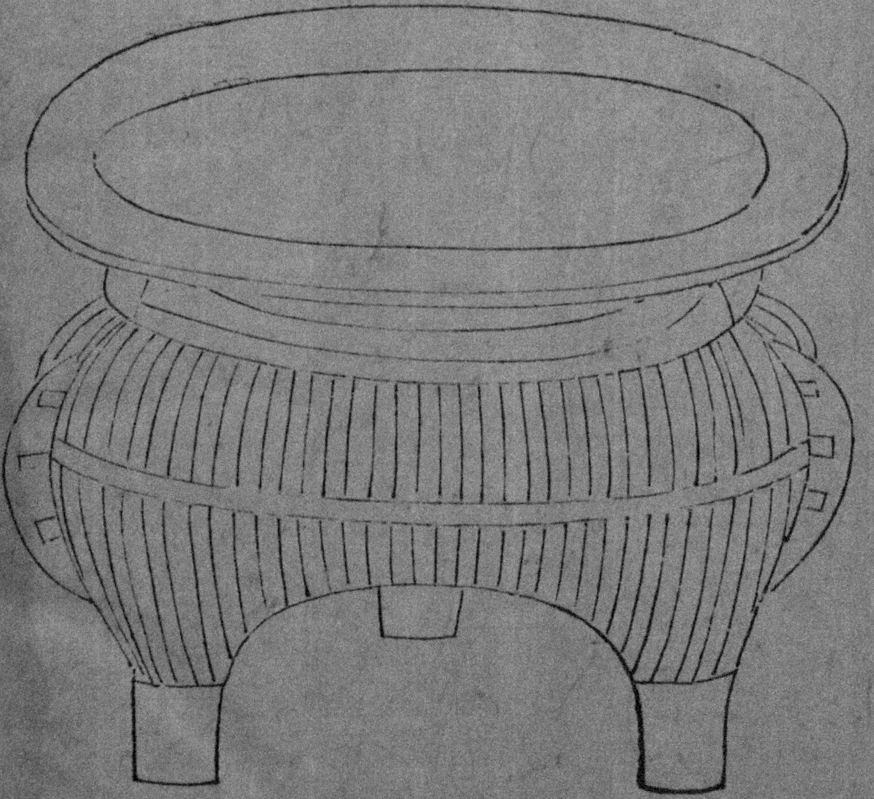

右高三寸七分深二寸四分口徑三寸九分
容一升一合有半重一斤六兩兩耳三足無
銘王安石釋鬲字以謂鬲空三足氣自是通
上下則鬲者欲其通而無礙也此器所飾文
皆直而不曲蓋示上下通達之意猒其制與
周京姜鬲畧相似也

周饕餮鬲一

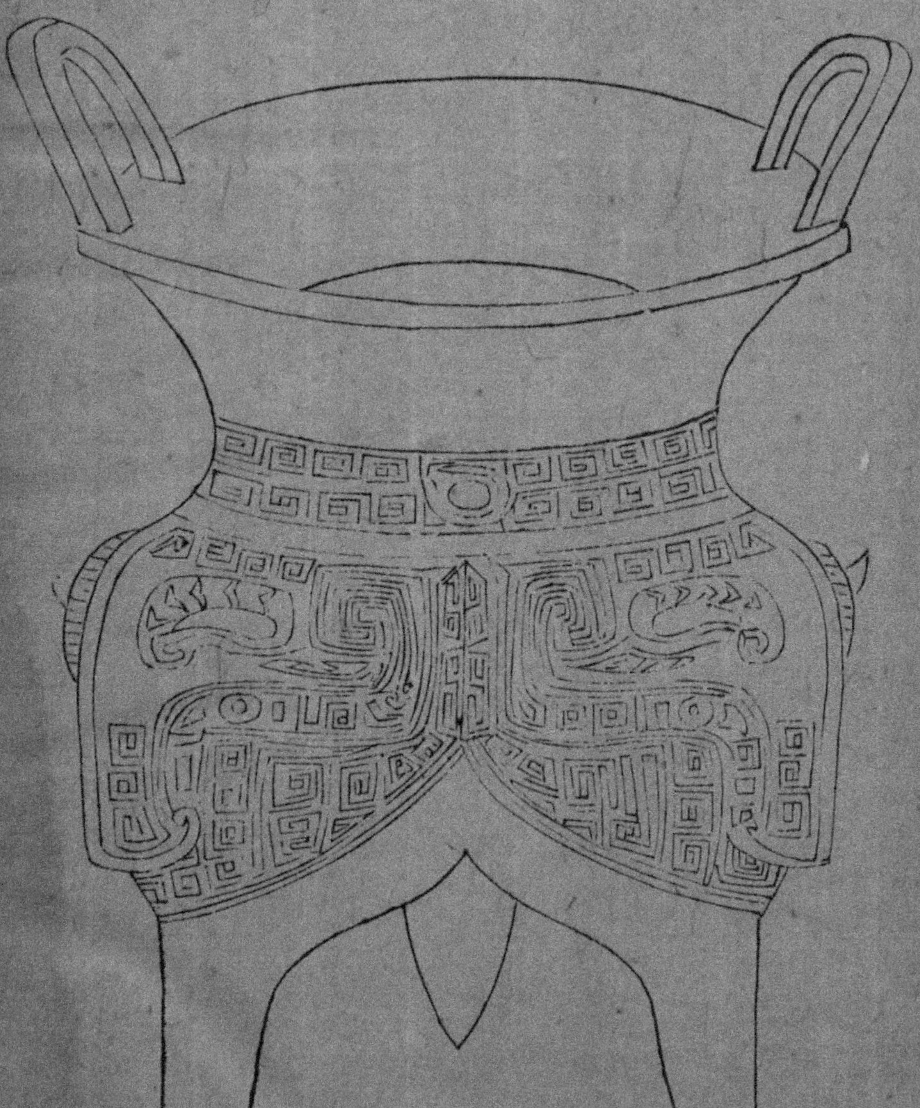

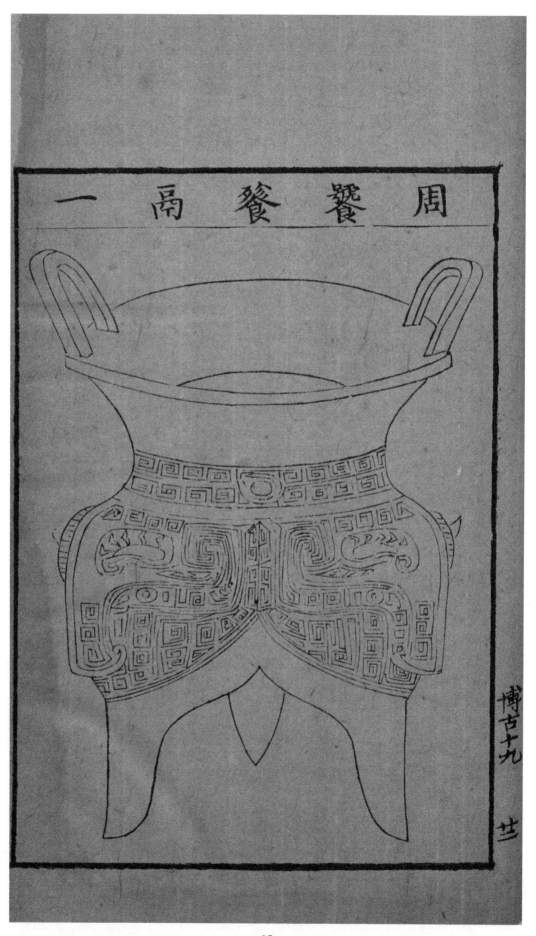

高七寸一分深四寸四分口徑五寸三分容
三升重三斤六兩兩耳三足無銘

周饕餮鬲二

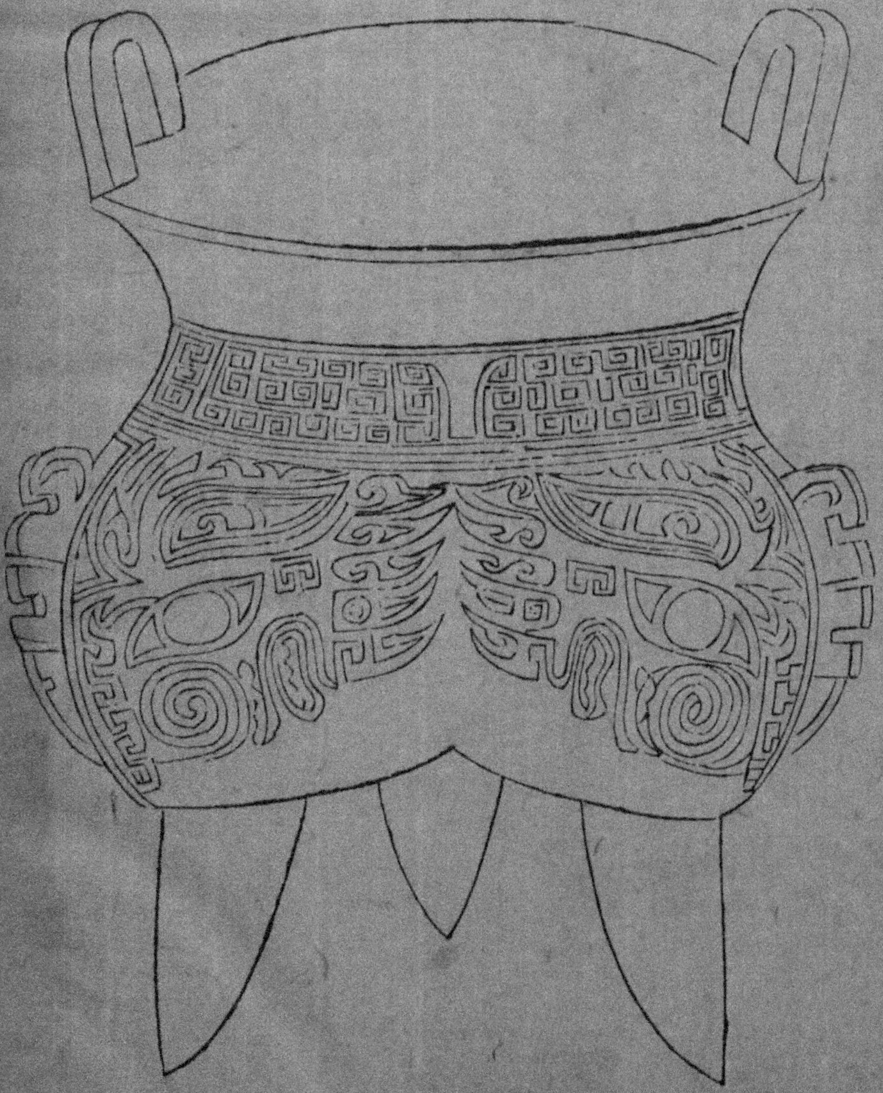

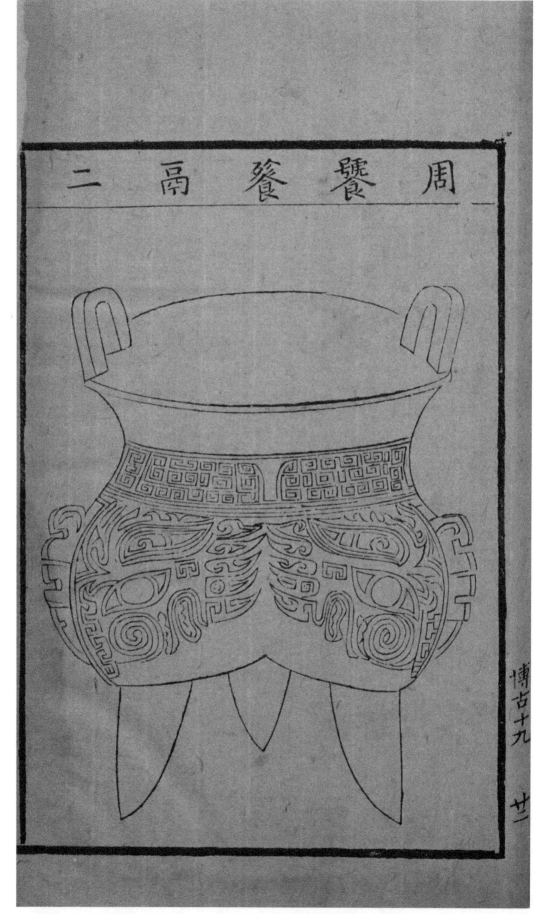

高六寸五分深四寸口徑四寸九分容二升重二斤十有一兩兩耳三足無銘

右二鬲皆甗屬款足以達水火之氣蓋熟物自下始也故其用未嘗不同但前一器差大而耳足純素於腹閒止飾以饕餮後一器亦著饕餮鼻爲觚稜大抵製作之工畧異𦙍俱周物也

周饕餮貫珠鬲

右高一尺六寸深一尺一寸口徑一尺二寸容四斗六升重三十六斤兩耳三足無銘純緣飾以饕餮貫珠之紋復加連珠為間古之鼎彝之屬多著饕餮蓋飲食人之大欲存焉苟無以防其未然則亦何所不至耶㽘以烹飪為事故取此為象古人所以寓意者可謂深矣

周素鬲

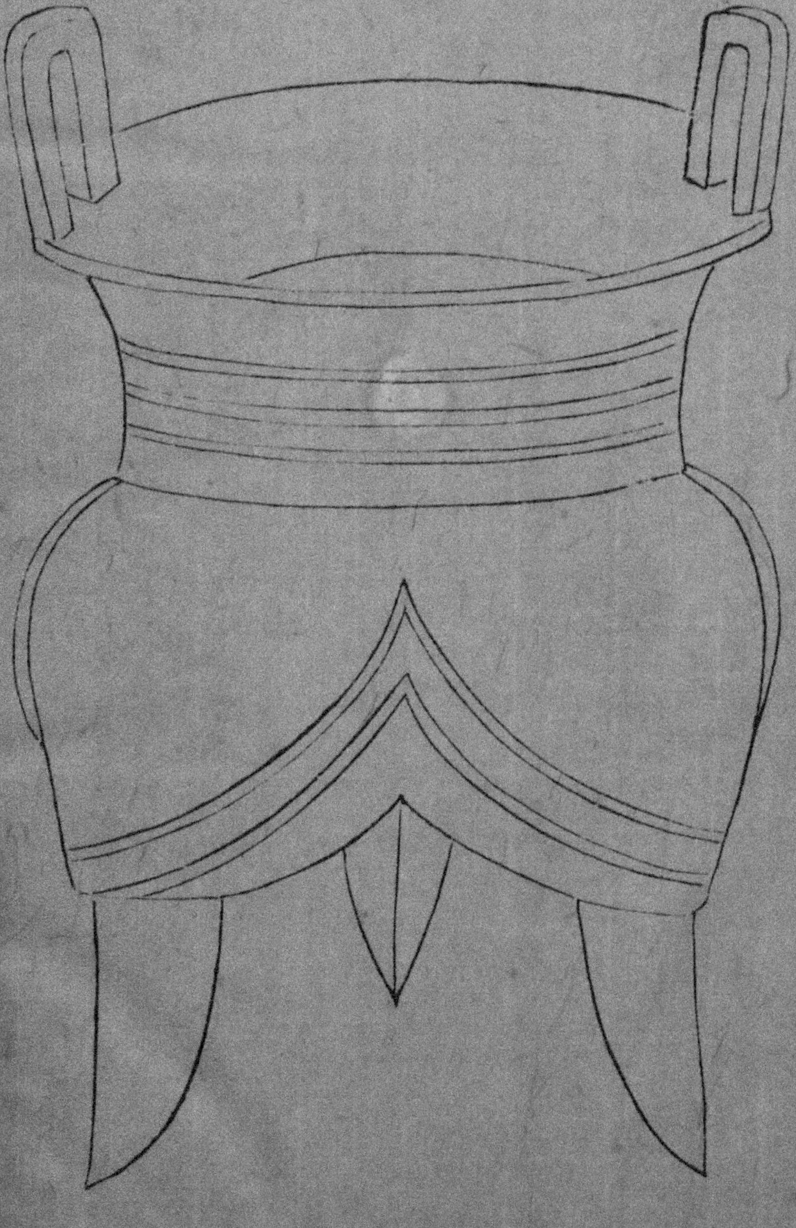

右高六寸九分深四寸六分口徑六寸容三升八合重三斤一十兩兩耳三足無銘夫鬲之為用熟物器也中雖有隔而上下與氣為流通是器耳足純素無紋雖曰周器而尚有商之遺法

周獸耳鍑

博古十九 廿六

右高一尺一寸六分深一尺一寸三分口徑
八寸六分腹徑一尺五寸五分容五斗八升
重十有八斤兩耳連環無銘是器似瓮而口
斂口之上且載鬲馬以此熟物也體純素無
紋䏠形制古雅蓋非後世俗工之所能到以
類求之真周物耳

漢獸耳鍑

右高七寸六分深七寸口徑五寸腹徑一尺容一斗四升八合重七斤十有二兩兩耳連環無銘是器鍑也許慎謂似釜而大口令正如釜之有六耳腹周以隔脰旁著兩獸銜環正與漢方圜獸耳壺同肰巳失三代之制矣

盉總說

有生之氣體必資飲食以為之養故昔人以酸養骨以鹹養脉以甘養肉以辛養筋以苦養氣肰五味所以養生亦所以害生者凡以不得其平而已於是或有餘或不足則必有以殘其氣體者此味所以貴乎和也夫盉盛五味之器也其制度與夫施設不見於經惟說文以謂從皿從禾為調味之器王安石以

謂和如禾則從禾者蓋取和之意耳且鼎以大烹資此以薦其味也鬵以常飪資此以可於口也雖然言其器則山其口以盛物者皆皿也惟中而不盈則為盅夃而多得則為盈合而口斂則為盒曰水以澡則為盥凡制字寓意如此則盉之從禾豈無意哉昔晏子謂和如羹焉水火醯醢鹽梅以烹魚肉燀之以薪即火均之齊之以味濟其不及以洩其過

而史伯亦謂以他平他謂之和則和者以其衆味之所調也今考其器或三足而奇或四足而耦或腹圜而匾或自足而上分體如股髆有鋬以提有蓋以覆有流以注其款識或謂之彝則以法所寓也或謂之尊則以器可尊也或謂之卣則又以其至和之所在也噫大羹玄酒有典則薄滋味則盉也宜非所尚迨夫三酒具而鉶羹設則自是而往有以盉

為貴者矣

商阜父丁盉

蓋

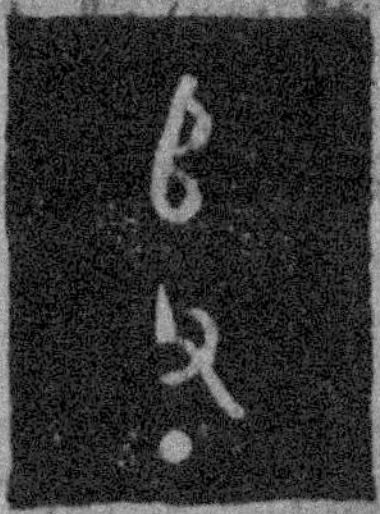

阜父丁

器

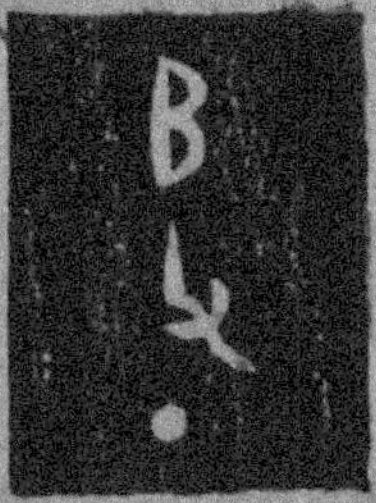

音釋同前

右通蓋高九寸三分深五寸二分口徑三寸六分腹徑五寸八分容三升三合共重四斤

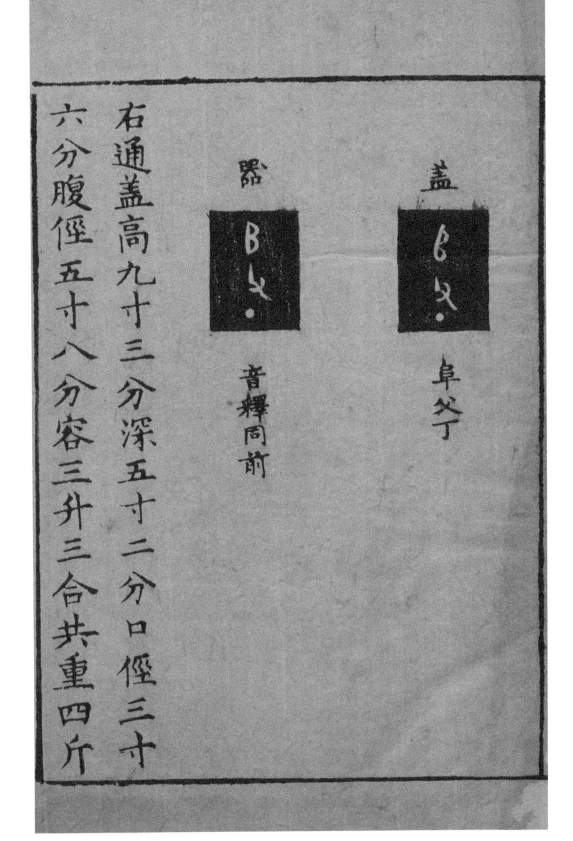

一兩三足有流有鋬蓋與器銘共六字右按商有沃丁仲丁祖丁武丁庚丁太丁凡六丁而此丁者未審為何丁也而作阜字蓋卣所以盛秬鬯至和之所寓也盉以調味而著以至和之器固其類矣若乃言阜則如詩所謂如山如阜以取高大楊雄亦曰視天民之阜者取其富庶之意蓋民無菜色然後天子食日舉以樂則享此備味者非富盛之時

可乎此所以取阜為銘也

商執戈父癸盉

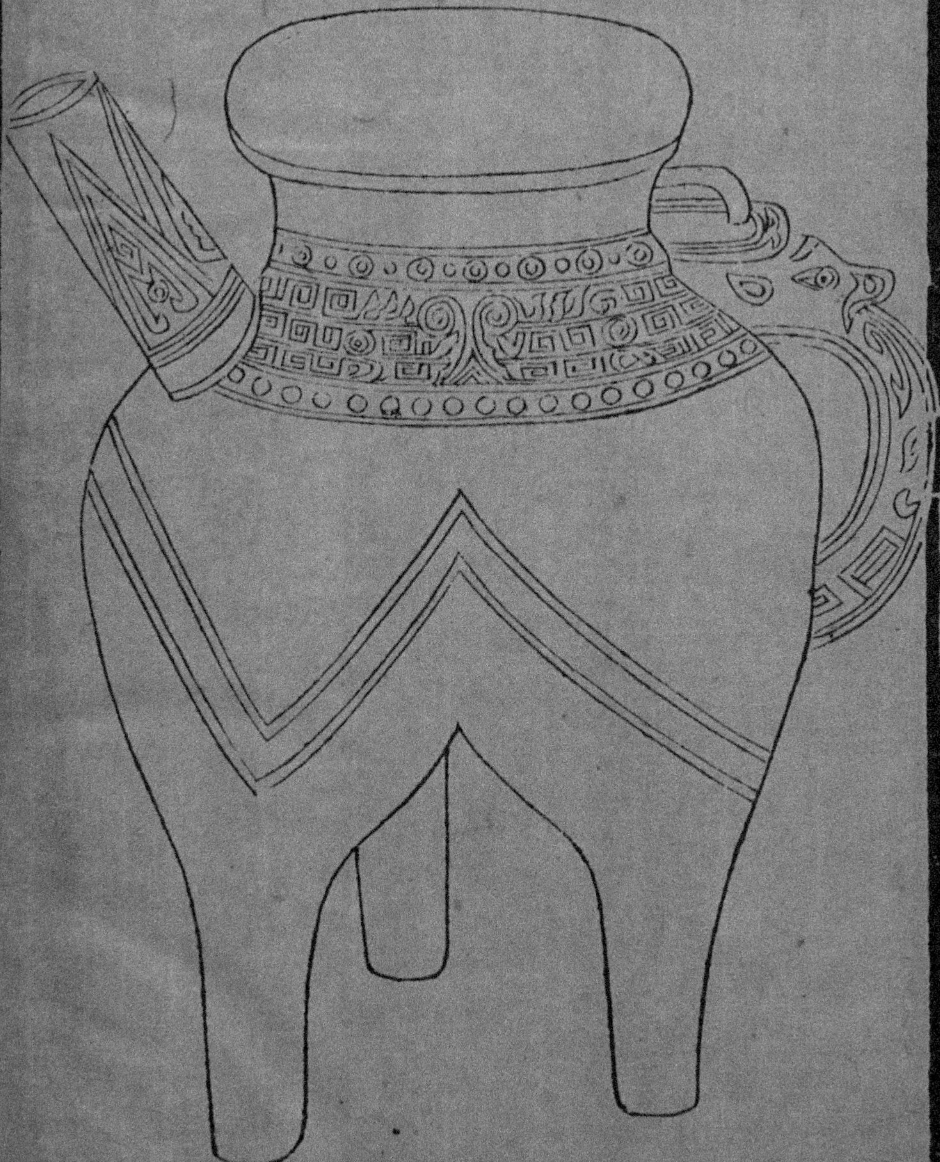

孫執戈形 父癸

右高七寸七分深五寸二分口徑三寸四分
腹徑五寸八分容三升二合重四斤二兩闕

蓋有流有鍪銘三字曰孫父癸而孫作執戈狀按商之君有曰𣪊癸此言癸者恐其是歟既言父癸則自銘者乃子職之事今又言孫者是孫可以為王父尸而子不可以為王父尸明矣作執戈形者商之鼎彝往往有之可以類求也是器兩面作饕餮周以連珠流有銘是器三面作饕餮間雷紋不得見其完器爾

周單從盉

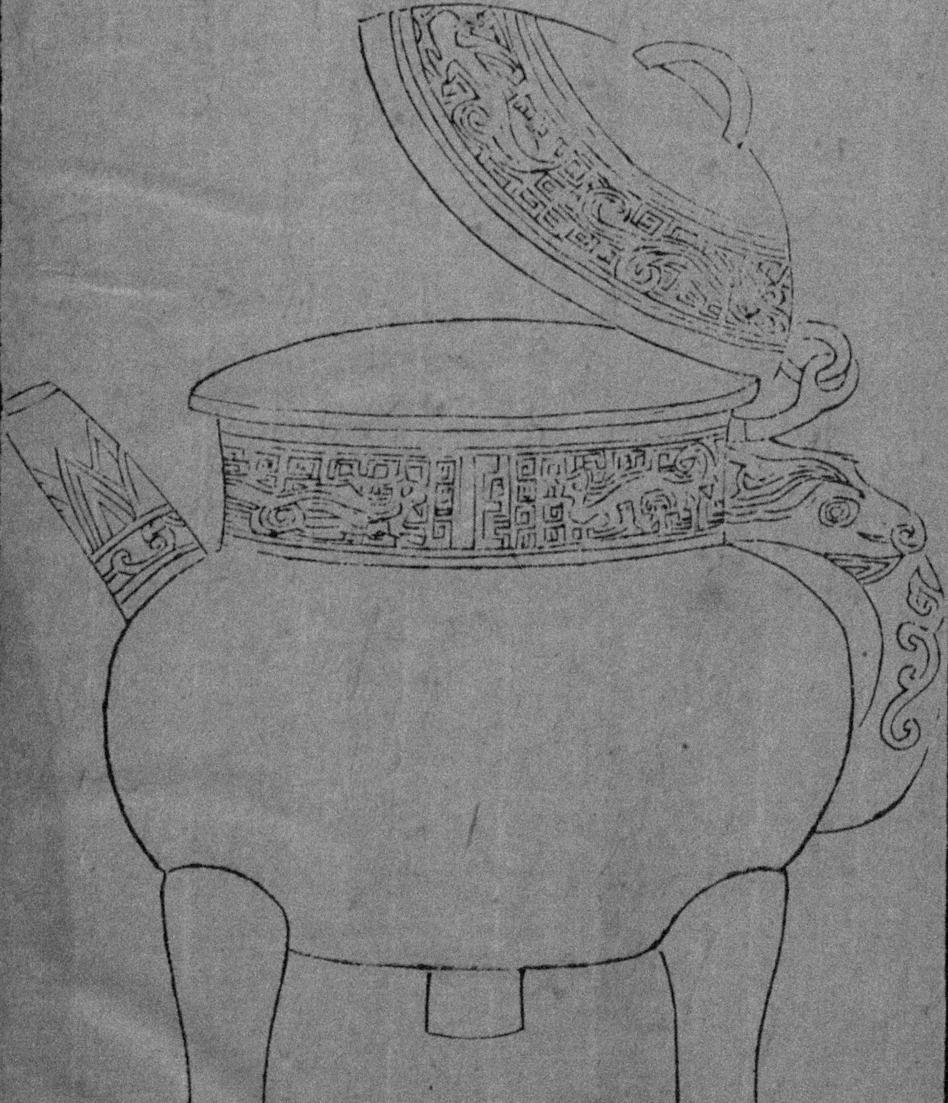

蓋

單景作從彝

器

單景從彝

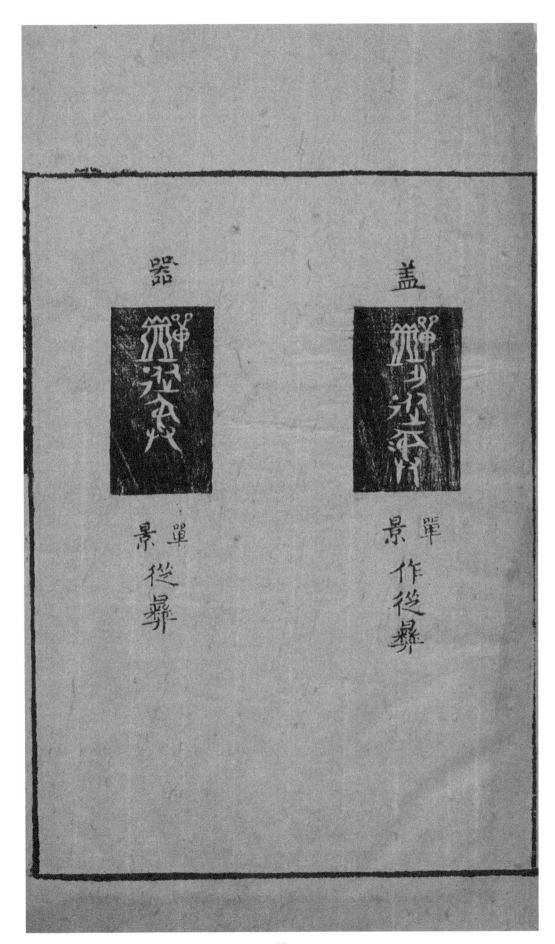

右通蓋高八寸深四寸口徑四寸三分腹徑四寸五分容二升三合共重三斤十有二兩四足有流有鋬蓋與器銘共九字周有單子歷世不絶為賢卿士其族有襄頃靖獻穆公之類所謂囧者豈斯人之族耶肰單氏之器得之有數種有舟有鼎有彝與此之盉其形雖不同而其銘則皆曰從彝也蓋彝以言其有常從以言其有繼是器特於盉為一類耳

周嘉仲盉

右高七寸六分深四寸八分口徑四寸六分腹徑六寸八分容八升三合重七斤有半三足闕蓋有流缺鋬銘一十九字腹匾而圜嘉仲索諸經傳無見考其款識已非夏商但製作有類乎周其曰諸友則知非獨擅乃與朋友共之之器也且五常之道言君臣之尊尊父子之親親而朋友亦列於其間則未有不須友以成者彝器者法度之所在其於尊君

事親之義未嘗不載則於朋友之義宜有以
及之茲器是也

周龍首盉

右高七寸五分深四寸二分口徑五寸腹徑五寸五分容三升一合重五斤三足闕蓋有流有鋬無銘是器三面作饕餮間以雷紋純緣之外又狀夔龍而流作龍首方他器具三足而但逸其蓋耳

周雲雷盉

博古十九

右高九寸深七寸口徑長二寸四分闊一寸九分腹徑長四寸五分闊三寸容四升二合重八斤四兩有流有鋬無銘形制與匾壺相類流與腹間盡作雲雷獸製作頗古也

周三螭盉

右通蓋高六寸八分深三寸二分口徑二寸三分腹徑四寸一分容一升六合共重三斤十有一兩三足有流有提梁無銘立三螭以戲於旁凡盉流提間多著此象蓋以螭山澤之獸以示防戒之義食飲之用固宜載之取數三者獸三為羣人三為衆以一器而具三螭則其享之者可不自警焉

周蛟螭盉

右通蓋高五寸深四寸一分口徑三寸腹徑六寸容三升四合共重三斤七兩三足有流有提梁無銘純緣腹足飾以蛟螭蛟螭若龍而非者無升降自如之變故飲食之器類多著之以為戒蓋平純素不加文鏤以螭為流提梁亦為螭首連環繫於提梁製作精巧寔周物也

周麟盉

右通蓋高八寸五分深四寸三分口徑三寸四分腹徑五寸五分容四升八合共重三斤十有五兩三足有流有提梁無銘形制圜匾流飾以麟且麟之為物音中鐘呂步中規矩而昔人取以為聖時之瑞也而又角端有肉示武而不用許慎以為仁獸而詩人況忠厚故云關雎風化之應然則飾之於器殆不徒設夫盉以調飲食以養人所謂仁厚者在是矣故以麟旌之宜焉

周蟠虬盉

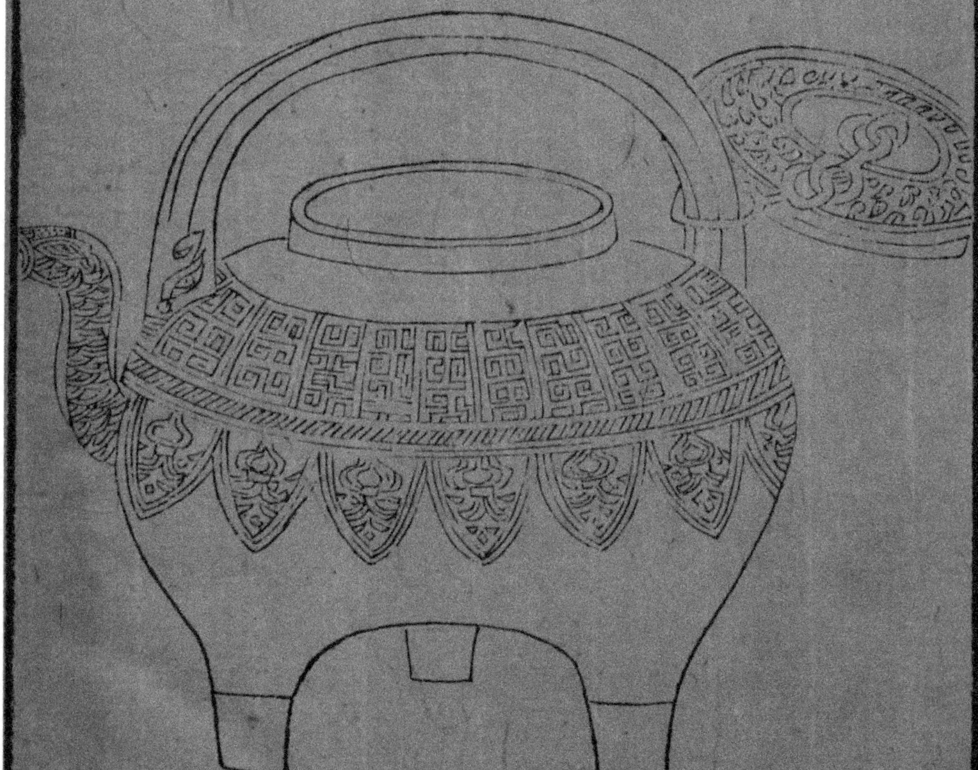

右通蓋高六寸二分深四寸口徑二寸九分腹徑六寸容三升六合共重四斤三兩有流有提梁無銘蓋飾以虺純緣外著蟠虬下為綯紋而以麟為流設提梁可以挈攜周以螭形連環繫于其上三足純素不增文鏤蓋謂羹之器也

周粟紋盉

博古十九　四四

右通蓋高六寸深四寸一分口徑一寸九分
腹徑六寸二分容三升三合共重三斤七兩
三足有流有提梁無銘通體雷紋纒糾間以
粟紋以麟爲流以虎爲提梁獸蹄爲足精巧
雖後世竭智力莫能及也

周細紋熊足盉

博古十九 四十五

右通蓋高七寸深四寸六分口徑二寸二分腹徑六寸五分容四升一合共重四斤十有一兩三足有流有提梁無銘是器以三熊為足釋字者以謂熊從能從火強毅有所堪能而可以其物火之蓋盉調味器也其取象於物則熊有火之之理而又冬蟄春出其動也時以虎為提梁以鳳咮為流時其飢飽者虎也以時隱顯者鳳也且飲食必時聖人繼之

於金木水火者盖未嘗不謹以時也可不慎歟

漢鳳盉

博古十九　四十七

右通蓋高七寸深四寸七分口徑三寸腹徑五寸一分容四升四合共重四斤十有三兩兩耳三足有流有提梁無銘腹圜而匾雖與周嘉仲盉相近而腹間所飾紋琢非古其流作鳳以鳳南方禮文之禽蓋羽蟲三百六十而鳳為之長且其治則見亂則隱出入以時無如鳳者此仲尼所以有鳳兮之歎而漢儒所以有覽德之語盉主調味而流飾如此非

特取禮文之盛又欲岀之有節而無失其時歟

漢螭首虬紋盉

博古十九

四十九

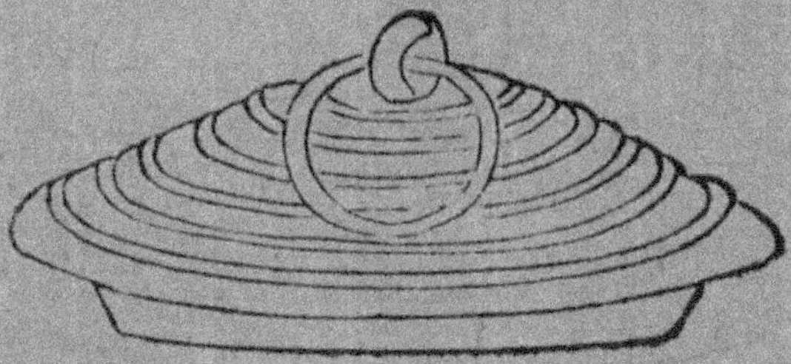

右通蓋高六寸三分深四寸六分口徑三寸一分腹徑六寸七分容四升二合共重五斤三兩三是有流有提梁無銘盉所以調味其可於口之物戒之在得於是有以致其義焉是器以螭首虬紋為飾則螭也虬也皆以害物貪殘為可防者故於盉特形容之也

博古圖錄考正卷第二十

盦鐎斗瓿罌冰鑑冰斗總説

盦一器

周

交虬盦

鐎斗二器

漢

熊足鐎斗

龍首𨮁斗

瓿八器

周

方斜瓿

魚瓿

蟠虬瓿一

蟠虬瓿二

饕餮瓿一

饕餮甗二

饕餮甗三

饕餮甗四

罌一器

漢

湯罌

冰鑑一器

唐

冰鑑

冰斗一器

漢

冰斗

匜匜盤洗盆銷杅總説

匜一九器

商三器

啓匜銘八字

鳳匜
三夔匜
周六器
父癸匜銘四字
司寇匜銘二十字
文姬匜銘二十一字
義母匜銘一十七字
孟皇父匜銘六字

螭首匜

盦鐎斗瓶罌冰鑑冰斗總說

器為天下之用而有合於禮者有適時而便於事者合於禮則若尊罍醆斝籩豆簠簋之屬是也其或燕私之所奉滋味之所養寒暑之所宜則處尊履貴而肉食者固異乎藿食卑賤之等倫又安得無供承之備以致其用乎故有鐎斗焉以待斟酌有瓶焉以具醯醢鬻醬方其寒則資諸溫而禦彼重陰凝沍之

氣方其暑則資諸朝覿所出之冰而祛其煩燠之憚由是湯罌冰鑑冰斗各順時而出焉雖肰尊彝之器考諸漢唐曾無一二而鐎斗冰鑑復不覩商周之制作者何也嘗試議之夫無見於今者未必皆無也但禮隨世變所用有異耳蓋自周而上以禮為實用故禮器之末者或畧焉而於本特致詳自周而下以禮為虛文故禮器之大者或畧焉而於末為

曲盡惟其本末詳畧之有殊所以見於世者
多寡有無之或異也

周交虬盦

右高三寸深二寸九分口徑五寸六分腹徑五寸五分容二升五合重一斤九兩無銘是器純緣外著以交虬兩耳作連環所以便於提攜以圈為足而器之中純素畧無文彩大槩與周伯戔盦相肖特闕其蓋耳

漢熊足鐎斗

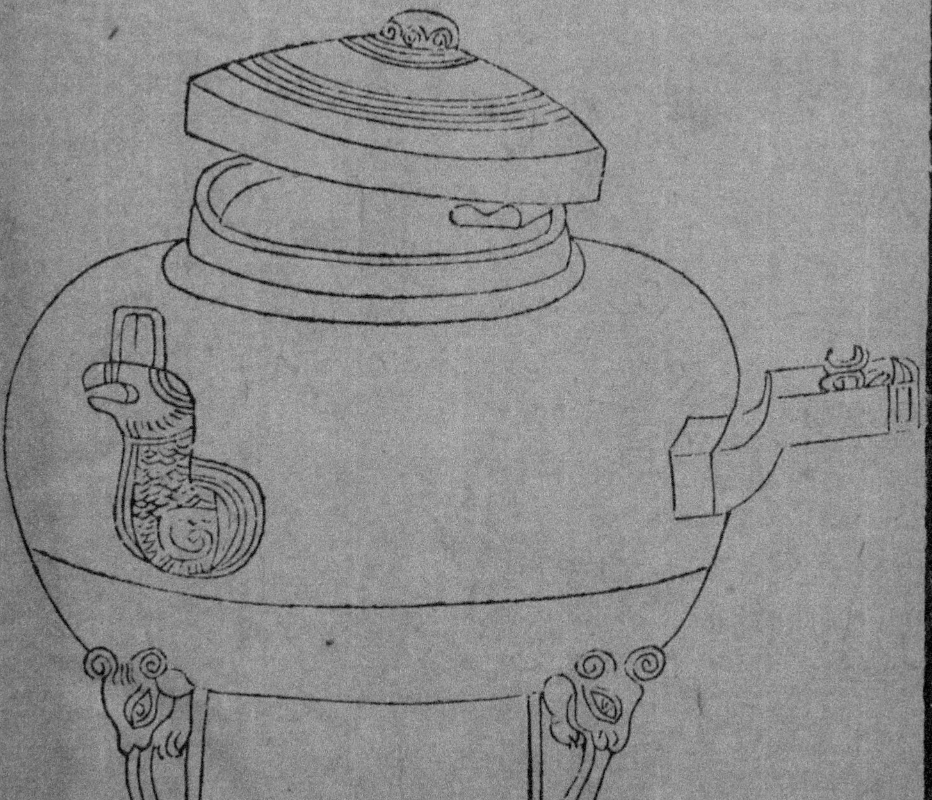

右通蓋高四寸八分深三寸二分口徑二寸三分容一升四合有半重一斤十兩有流有柄三足無銘此器流蓋與柄多為物象而乏古意足飾以熊者秦漢以来奩具印鈕每作此狀蓋熊男子之祥取其有所堪能故也嘗攷三代之時九旗名物各有等差惟上得以兼下而下不得以兼上於是有蛟龍之旂熊虎之旗鳥隼之旟龜蛇之旐漢之鐎斗有具

四象有爲熊足之点豈若九旗之有等差而（闕一字）

其數耶

漢龍首鐎斗

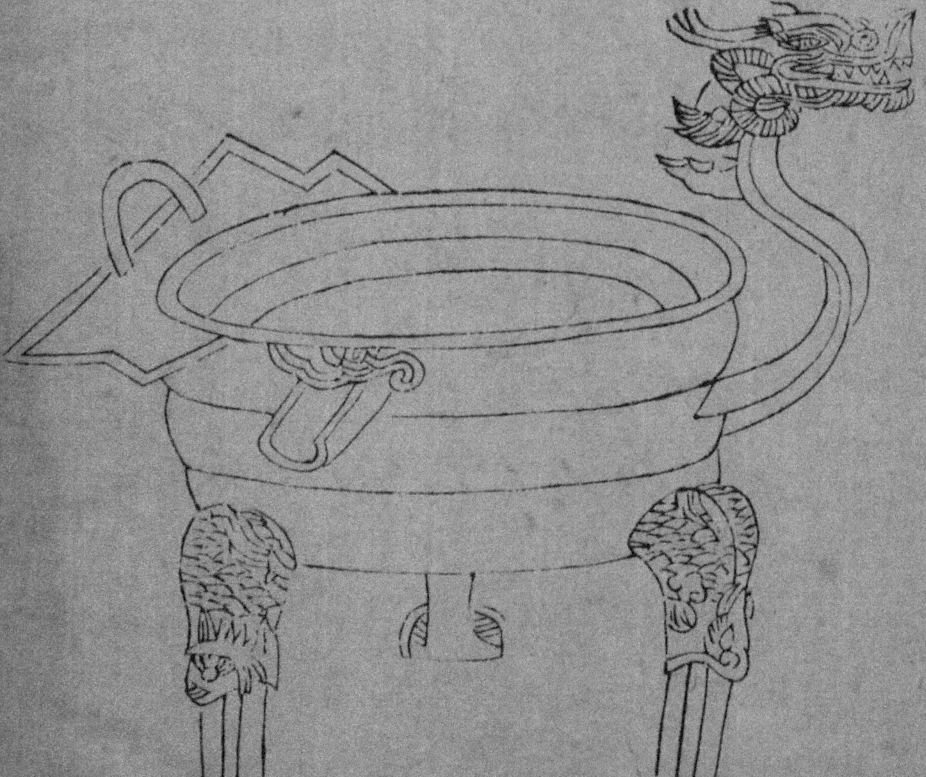

右高七寸八分深二寸三分口徑四寸三分容一升重三斤一兩有耳有流有柄無銘是器鐎斗也許慎以謂斗之可以溫物者耳趙襄子使廚人操斗以食代王則古者行食以斗而此有柄有流知其盛羹湆之具詩云酌以大斗則斗亦可以為飲器也

周方斜瓿

右高八寸四分深七寸二分口徑六寸六分腹徑九寸五分容一斗五升四合重八斤有半無銘是器文飾極精玅肩作雷形近類古文申字環腹之飾皆取象於雷肩脰之間文鏤相錯如盤絲髮微起乳形而中作黃目狀茍非成周文備之時疇能至此盖前此未之或見後此亦未知其能及也

周魚瓿

右高六寸六分深五寸四分口徑五寸六分腹徑八寸七分容一斗重五斤十有二兩無銘是器銅色制度不減方斜瓿肩腹之間飾以魚形凡器以魚為飾者不一如魚洗魚符之類是矣且詩所謂季冬薦魚春獻鮪則魚者薦獻之所先也又況五齊七醢七菹三臡所實之器歟此器之飾所以因取於魚也雖然魚麗之詩美萬物盛多能備禮而魚之為

物潛逃幽眇難及以政至於盛多則王者之政成而薦獻之禮備矣故於物魚躍爲文王靈德之所及白魚躍入王舟爲周家受命之符周器以魚爲飾者殆以此歟

周蟠虬瓿一

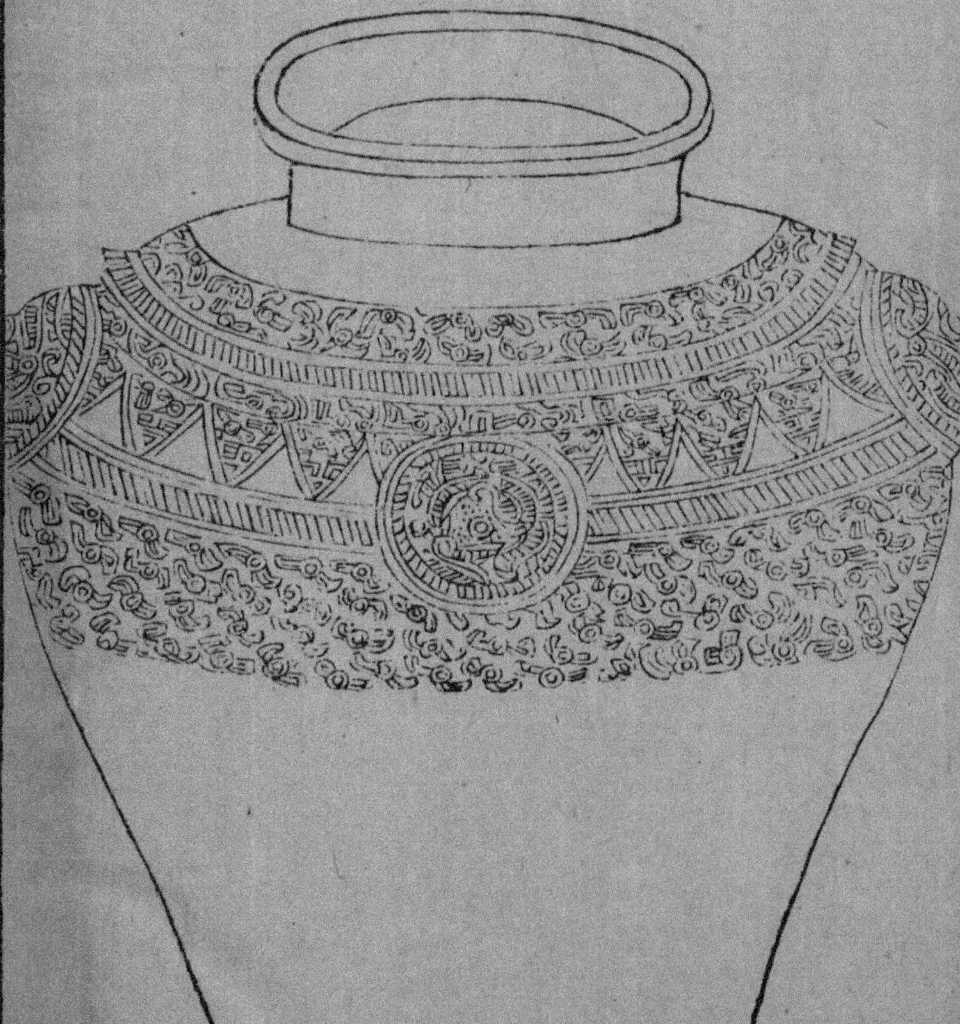

博古二十 十三

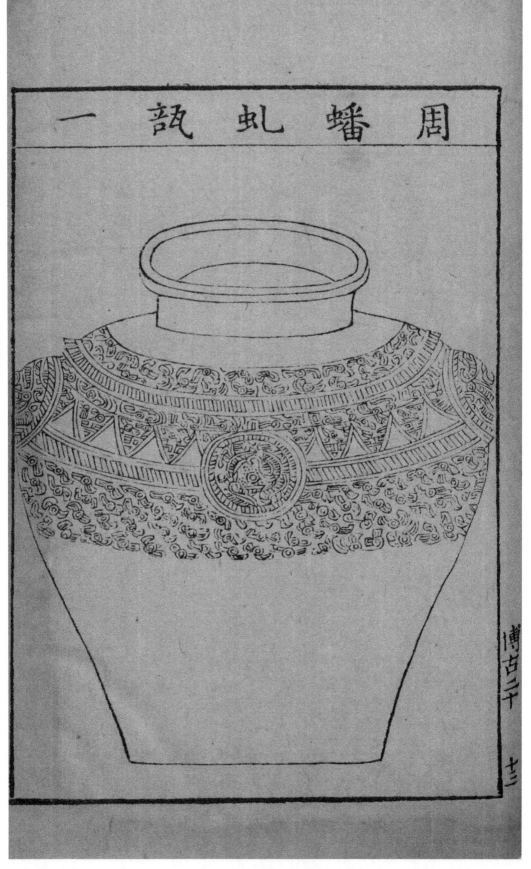

周蟠虬瓿二

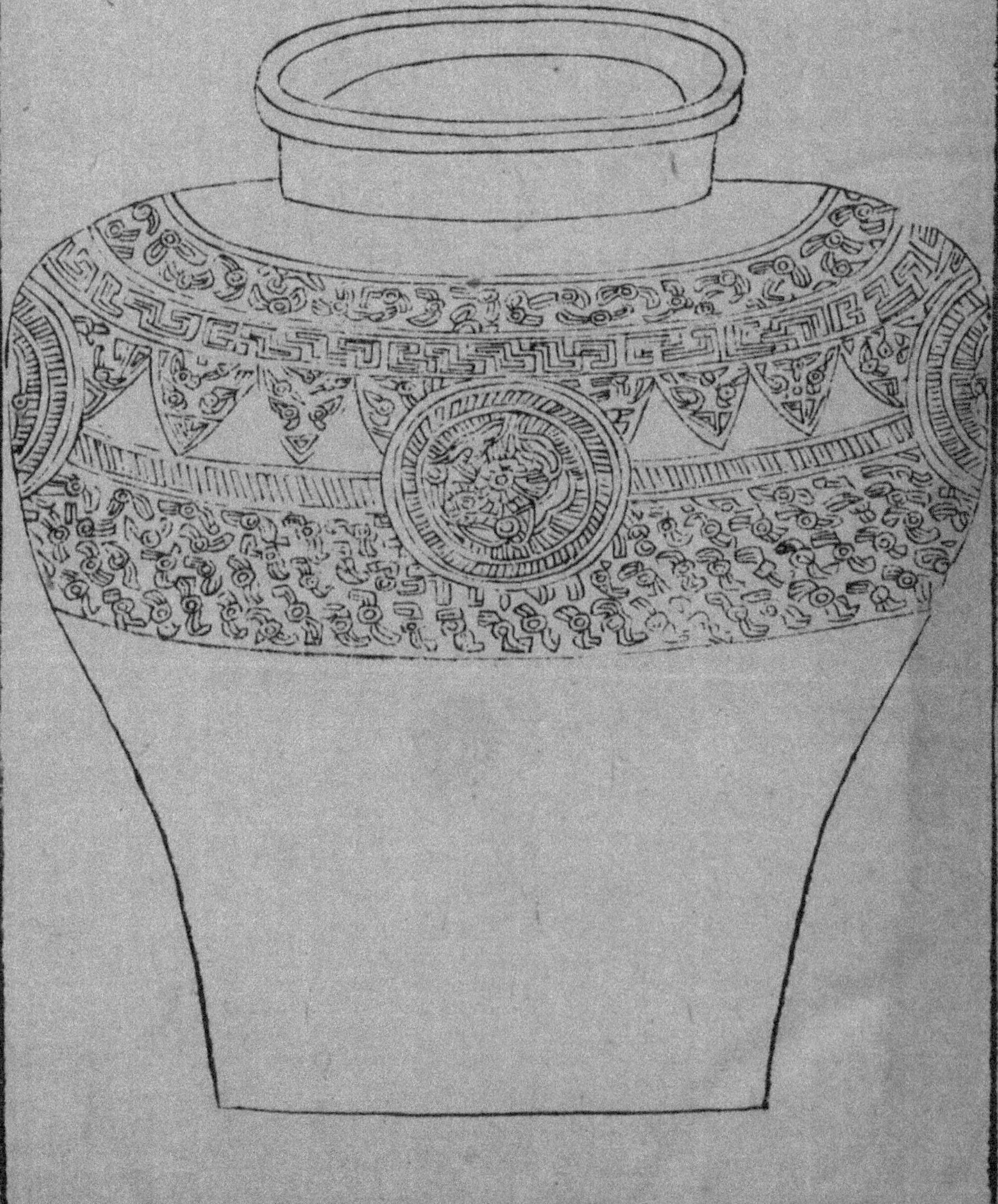

前一器高七寸五分深九寸一分口徑五寸六分腹徑一尺八分容二斗五升三合重十有二斤無銘

後一器高九寸三分深九寸口徑五寸六分腹徑一尺一寸一分容二斗四升有半重十有一斤四兩無銘

右二器皆飾以蟠虬凡食飲之器飾以虬者皆是也若乃瓿所以盛醯醢之物固宜狀此

耳

周饕餮瓿一

周饕餮瓿二

周饕餮瓿三

周饕餮瓿四

第一器高（闕一字）寸一分深四寸九分口徑六寸腹徑（闕一字）寸九分足徑五寸二分容六升六合重（闕一字）斤十有一兩無銘

第二器高七寸五分深六寸一分口徑七寸（闕一字）分腹徑一尺三分足徑六寸三分容一斗（闕一字）升（闕一字）合重七斤有半無銘

第三器高六寸二分深五寸口徑六寸一分腹徑（闕一字）寸容七升重三斤十有二兩無銘

苐四器高五寸三分深四寸九分口徑五寸闕一字分腹徑八寸二分容五升四合重三斤一兩無銘

右四器皆飾以饕餮或間以雷紋形模典雅闕四字可求要之非周文物盛時不能有也

漢湯罌

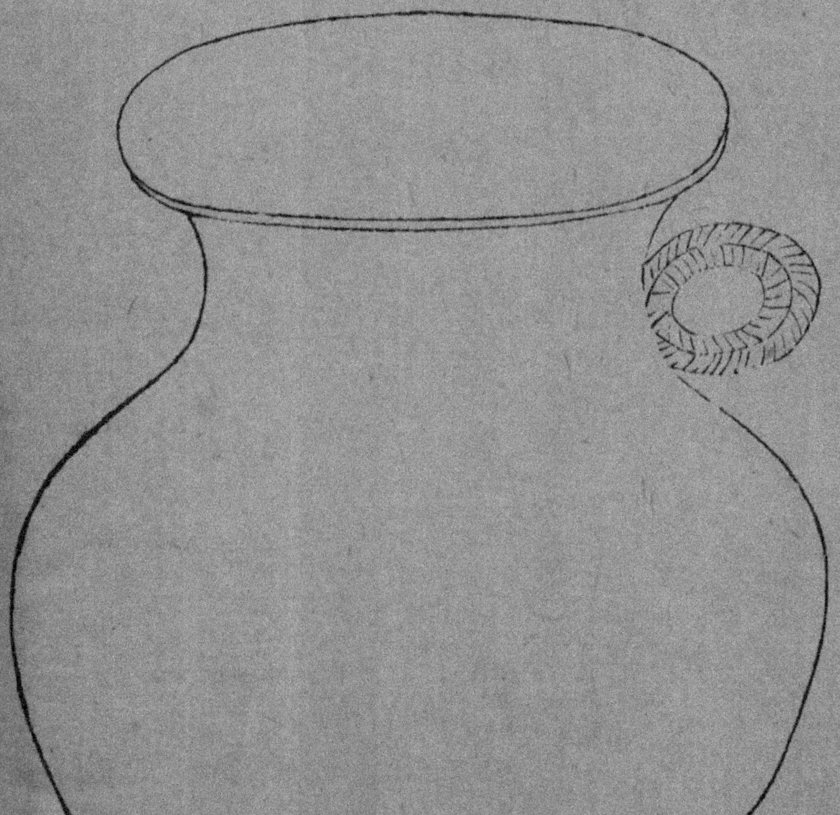

右高五寸二分深五寸一分口徑四寸一分腹徑五寸七分容三升七合重一斤十有一兩有鋬無銘是器蓋温水器也狀如匏圜而純素有一耳作綯紐若屈卮舉而置之鑪竈間以烹水也形制純雅無紋而氣韻自古宜非近世所有殆漢器也

唐冰鑑

右高七寸七分下盤深一寸徑一尺二寸四分容五升二合重三十二斤三兩四足無銘且冰鑑之説已具於漢鑑矣今其規模上方如斗四傍塵鏤底作風窻承以大盤立之四足豈非置食於上而設冰於盤使寒氣通徹以禦溫氣耶大抵漢唐之器致用設飾畧相倣象然所以異者漢鑑圜而唐鑑方漢鑑近於古而唐鑑則近於今矣故不得不辨昔鄭

玄謂鑑如甀大口以盛冰觀此鑑與鄭説不
同肰又非漢之製作宜李唐精工所能到也

漢冰斗

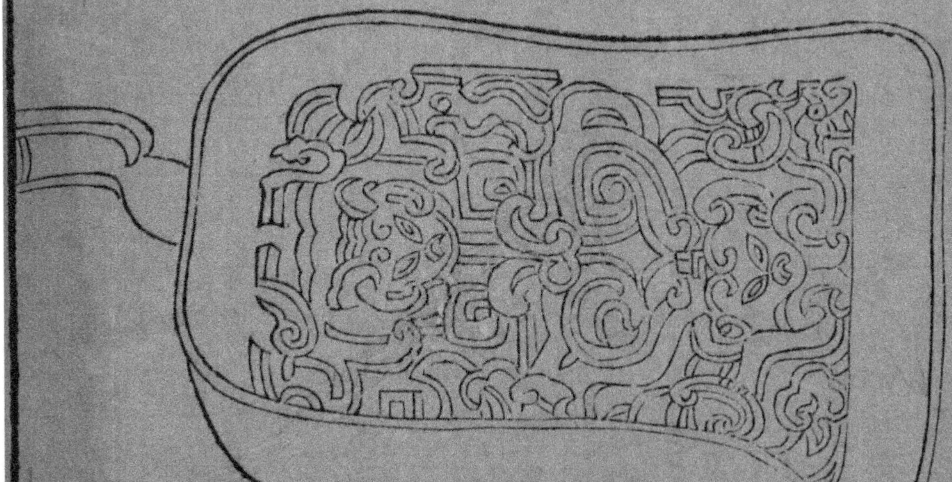

右高一寸六分深一寸五分闊六寸二分重一斤九兩有柄無銘三旁掩上其柄可持其底鏤空寘冰斗也古人制器皆因時而為之若夏則有冰鑑於此器略相似而有見於周官今冰斗雖不得而考要之後世所作也

匜匜盤洗盆鋗杅總説

公食大夫禮曰小臣具盤匜鄭玄謂君尊不就洗賈公彦又援郊特牲不就洗之文以謂設盤匜所以為君尊崇義從而和之且陳開元禮謂皇帝皇后太后行事皆有盤匜而亞獻已下與攝事者皆不設以顯君尊不就洗之義是皆執泥不通之説殊不知内則論事父母舅姑之禮而曰杖屨祇欽之勿敢近敦

年危匜非餕莫敢用夫論事父母舅姑而言及於匜則是亦衆人之所用耳豈人君獨享者哉若或不然則季加弡伯安得而作之也雖非人君所獨享然惟餕乃用則其用亦未嘗敢易也觀其鋬皆作牛甲脊尾狀按易以闕二字為牛而坤以順承為事故物之柔順者闕二字於牛盖匜為盥手瀉水之具而義取於闕三字理也若夫盥之棄水必有洗以承之

禮圖所謂承盥洗棄水之器者是也惟以承棄水故其形若盤抑甞見有底閒飾以雙魚者為其為承水之具故也然古人稱之有曰匜盤而不謂之洗盖盤以言其形洗以言其用而聶崇義乃以盤洗為二器所謂盤者正與此洗相類而洗復若壺形而無足又以菱花及魚畫其腹外與此頗不相侔然承棄水者宜莫若盤則作壺形者疑非古制矣崇義

圖說稽之扵器其乖戾不合者非特如此按圖而考者不可不辨也若夫盆銷者亦盥滌之具但洗淺而銷深惟盆居中焉又有所謂杅者特大而深如洗之用盥盤之用異舟之承彝皆其類也故附諸匜洗之末識者當以類得之

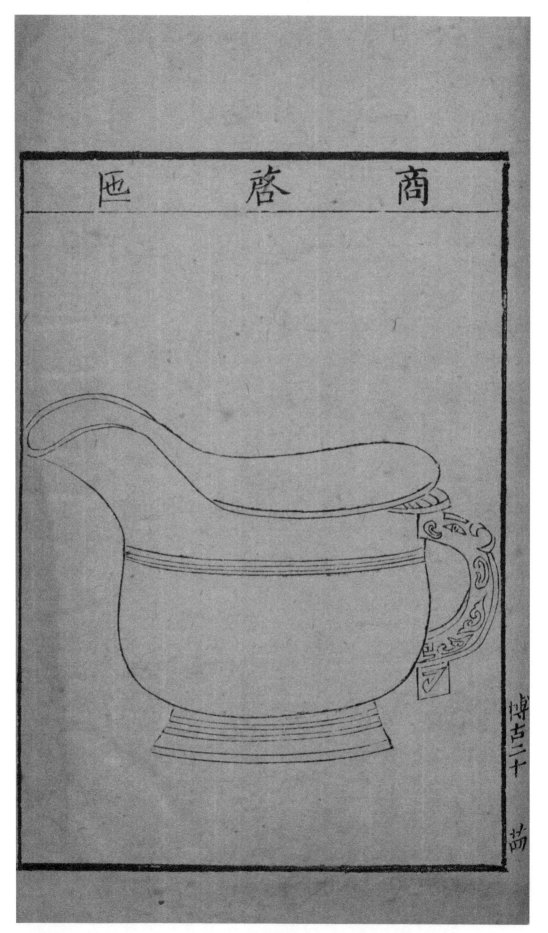

商啓匜

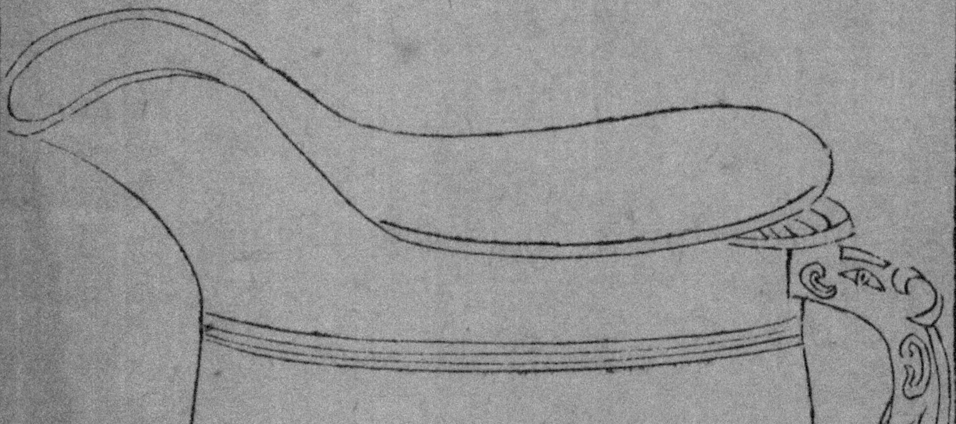

博古二十　苗

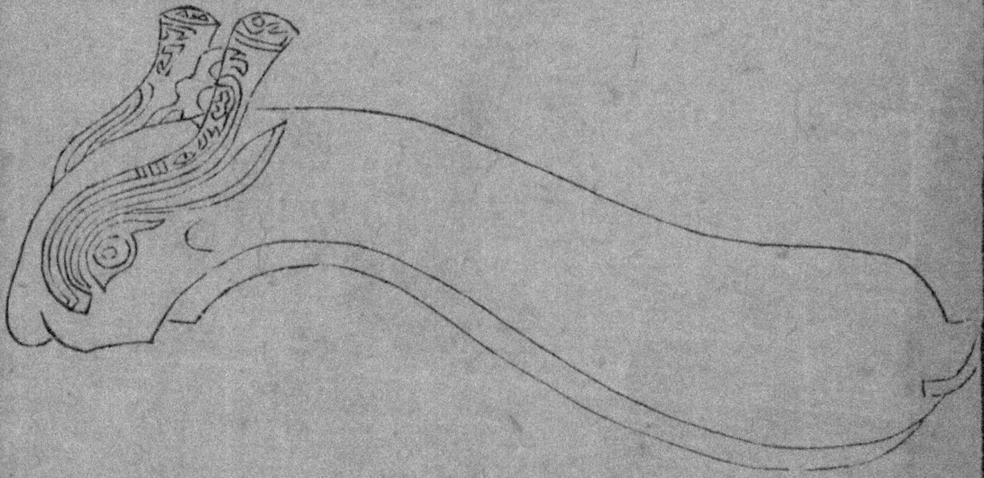

蓋

啓作
寶彝

器

音釋同前

右通盖高七寸七分深三寸四分口徑長六寸三分闊二寸七分容一升有半共重二斤十有五兩有流有鋬圈足盖器銘共八字曰啓作寶彝按商太丁之子曰乙乙之子曰啓此銘啓者乃乙之子也是器形制渾厚字畫奇古勁若屈鐵非周秦篆畫之可擬倫者以時考之盖商之器無疑

商鳳匜

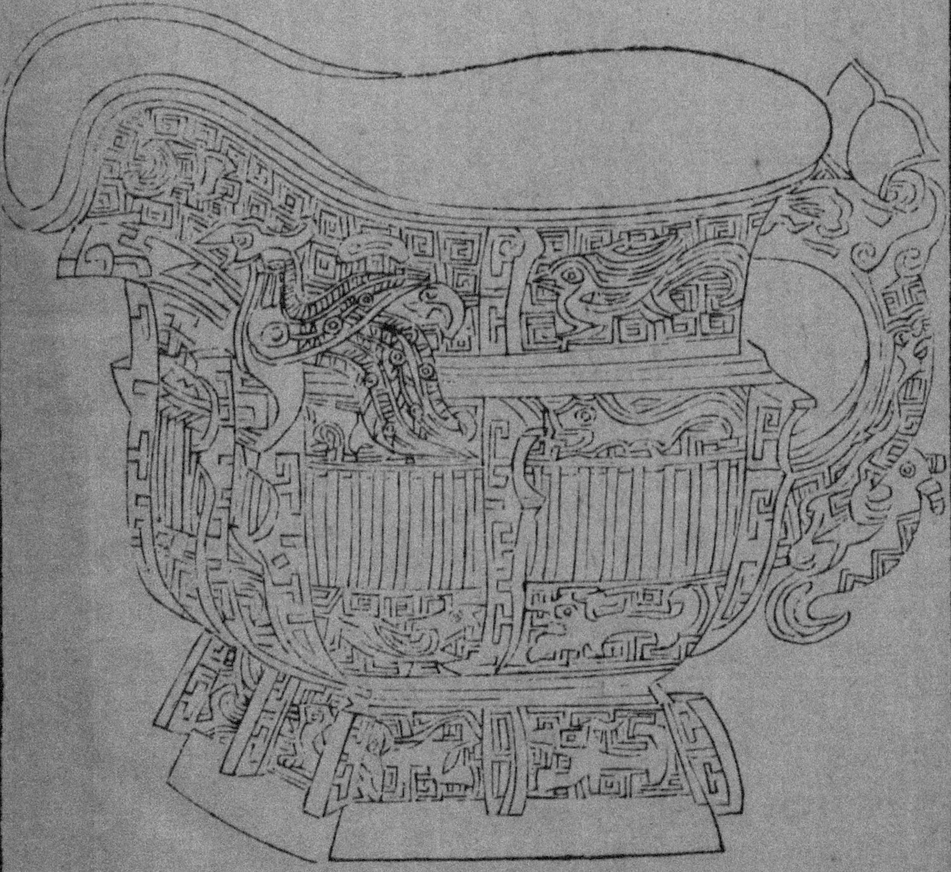

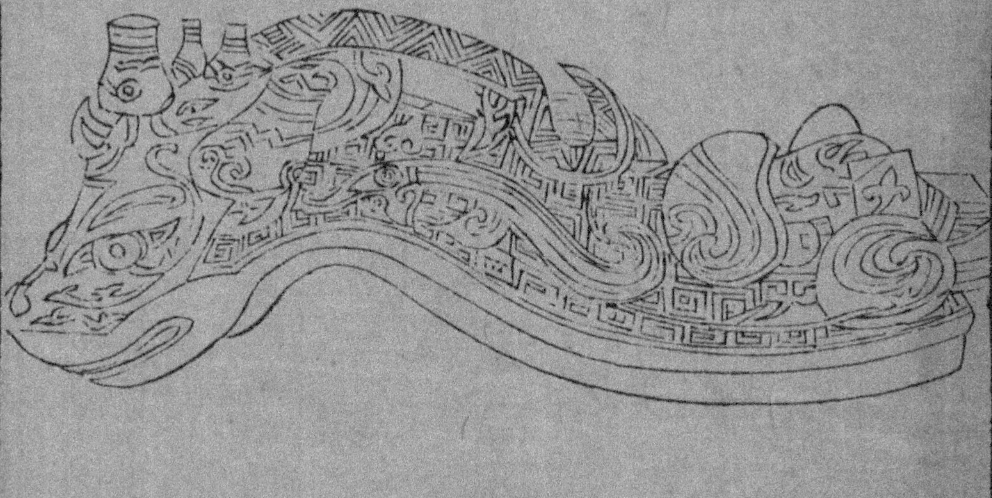

右通盖高九寸二分深三寸七分口徑長六寸六分闊三寸容一升有半共重七斤有流有鋬圈足無銘通體設飾不一其狀有夔有螭有兕小者大者起伏偃仰顛頓差池不可名狀又峙二角於其前兩腋間别出兩鳳勢若飛動故因此名之

商三夔匜

右通蓋高五寸四分深二寸八分口徑長四寸七分闊二寸二分容一升共重一斤十有一兩有流有鋬圈足無銘通體作夔象而蓋紋隱起者有三蜿蜒夭矯如得風雲之狀復螭其鋬觀其製作頗類鳳匜故宜類之於商也

商三夔匜

右通蓋高五寸四分深二寸八分口徑長四寸七分闊二寸二分容一升共重一斤十有一兩有流有鋬圈足無銘通體作夔象而蓋紋隱起者有三蜿蜒夭矯如得風雲之狀復螭其鋬觀其製作頗類鳳匜故宜類之於商也

周父癸匜

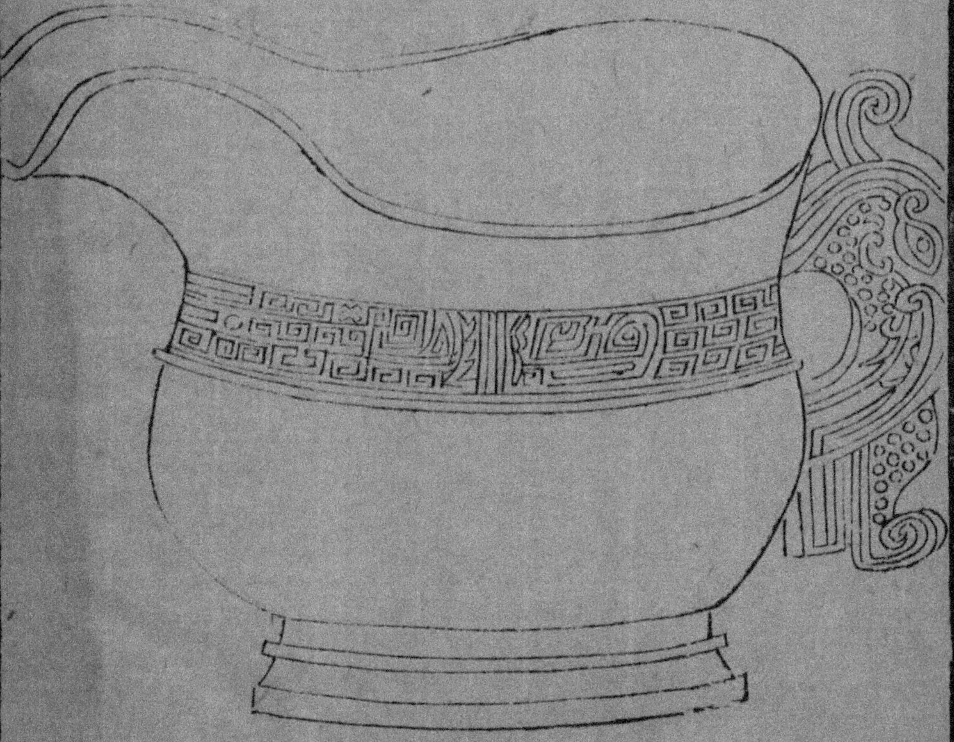

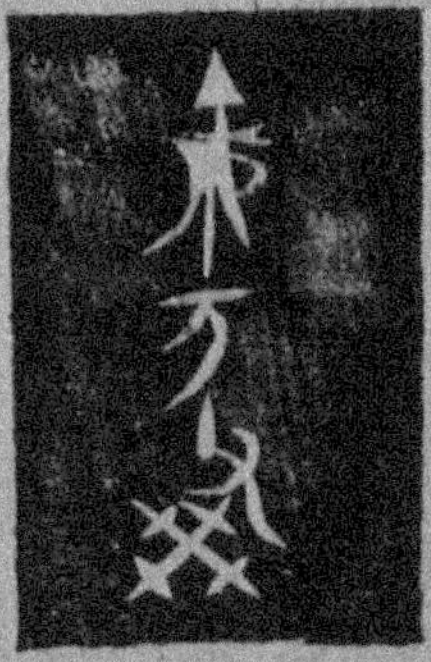

爵方父癸

右高四寸五分深二寸九分口徑長五寸闊二寸六分容九合重一斤三兩有流有鋬闕

蓋圜足銘四字曰爵方父癸按周之君臣其
有癸號者惟齊之四世癸公慈母也太公吕
望實封於齊其子曰丁公伋伋之子曰乙公
得得之子曰癸公慈母慈母之子曰哀公臣
肽則作是器也其在哀公之時歟故銘父癸
者此也昔之匜通用於人神此銘父癸則其
祭祀宗廟之器耶此匜也而銘有曰爵者豈
詩所謂洗爵奠斝之意歟方事洗盥則不可

無匹爾

周司寇匜

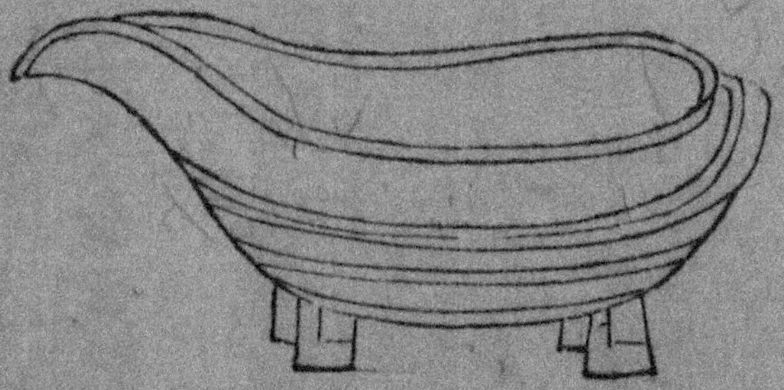

作司寇彝周建
用歸維之百僚雩
之四方永之祜福

右高一寸四分深七分口徑長二寸五分闊
一寸一分容一合重三兩二錢有流有鋬四

足銘二十字曰作司寇彝按周官大司寇之職掌建邦之六典以佐五刑邦國詰四方小司寇之職掌外朝之政以致萬民而詢焉則司寇在周官蓋有大小之異是器銘文曰維之百寮則非大司寇不足以當是語也然而是匜非他匜之比正如漢金銀錯鼒小而有適於用豈匜亦固如鼐鼒之有別耶特書傳不見其所攷爾要之有是理也

周文姬匜

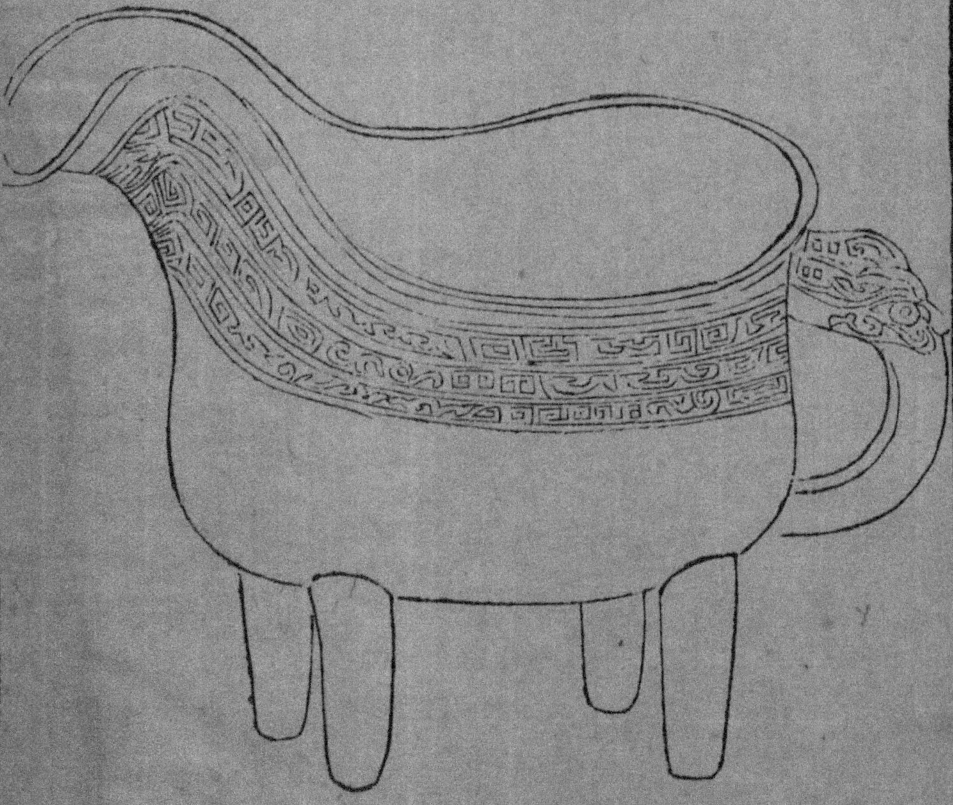

器

丙寅子錫鼂貝
用作文姬己寶
彝十一月有三

鎣

非子孫

右通蓋高一尺一寸二分深四寸五分口徑長八寸三分闊四寸一分容四分共重六斤十有一兩有流有鋬四足器與鋬銘共二十一字初曰丙寅紀其時也次曰錫黿貝作文姬寶彝著其名也通體作犀兕之形鋬亦如之飾以雲雷之紋宛轉盤繞於其上已足貴矣至于字畫仍復奇古宜比於周

周義母匜

仲女吉義母作
旅匜其萬年
子、孫、永寶用

右高六寸深三寸六分口徑長九寸七分闊
六寸一分容四升重四斤九兩有流有鋬四
足銘一十七字按國語晉公子重耳過秦穆

公歸女五人懷嬴與焉公子使奉匜沃盥既
而揮之韋昭以謂嫡入于室媵御奉匜盥是
器銘曰仲吉義母作旅匜者蓋晉文公重耳
娶齊女姜為正嫡次杜祁次偪吉次季隗狄
杜祁以吉生襄公故巽而上之居第二是為
仲吉以隗在狄所娶故巽而巳次之是為季
隗而祁自居第四昔趙孟嘗曰母義子愛是
以威民則義母者杜祁也禮曰銘者自名以

稱揚其先祖之美則所謂仲吉者自名也義母者襄公謂杜祁也按通禮義纂以謂媵御交盥蓋媵送女之從者御壻之從者夫婦禮始相接廉耻有間故媵御交相為殊以通其志彼其婚姻歟此稱義母則非初嫁之時有子職在焉故也稱旅匜則非交盥所用特其匜之不一耳

周孟皇父匜

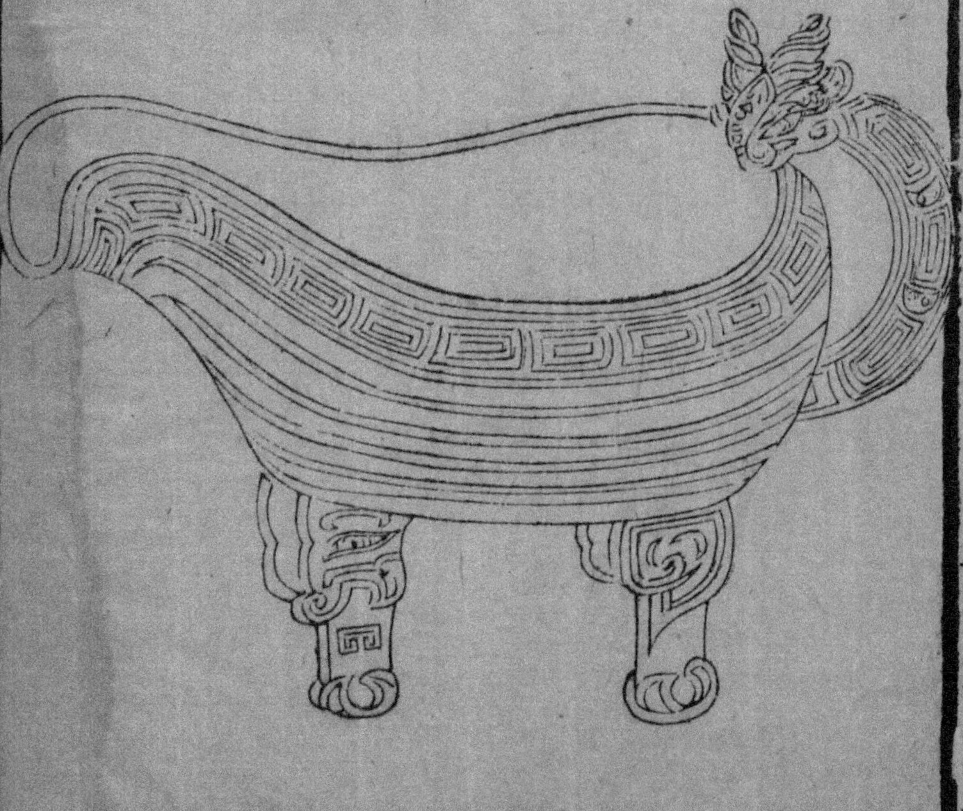

博古二十

廿七

孟皇父
作旅匜

右高五寸五分深二寸七分口徑長八寸闊
四寸一分容二升重三斤二兩有流有鋬四

足銘六字曰孟皇父作旅匜昔魯桓公之後析為三族有仲孫叔孫季孫焉仲孫於三桓氏為長乃曰孟氏此孟族所由出也是則孟乃仲孫之氏而姓則姬也詩十月之父曰皇父卿士而釋者謂皇父字也然則此曰皇父亦其孟之字歟曰作旅匜則又言非止一器所以御賓客供盥濯者宜非一爾

周螭首匜

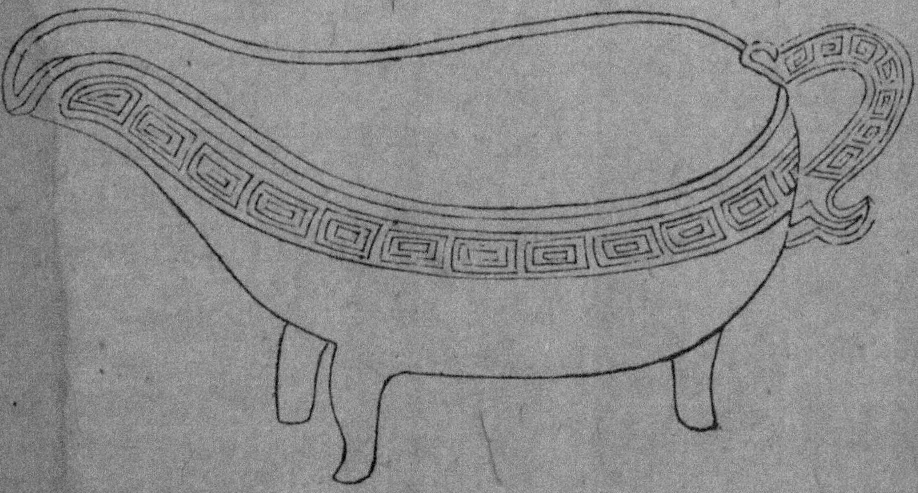

右高一寸九分深一寸口徑長三寸五分闊二寸容二合重六兩二錢有流有鋬三足無銘匜也大小雖殊而其制則同前一器鋬作螭首四足之股間復飾以獸狀後一器甚小而鋬亦狀螭口齧其器純緣下環以雷篆紋鏤之工若甚拙而後世所不能及寔周一時物也

博古圖錄考正卷第二十

博古圖錄考正卷第二十一

匜二 七器

周五器

漢二器

注水匜銘二十二字

螭匜

匜盤二器

周

楚姬匜盤銘一十七字

魯正叔匜盤銘一十八字

洗六器

周三器

七星洗

負龜洗

龜魚洗

漢三器

陽嘉洗 銘六字

蟠夔洗

雙魚洗

盆一器

漢

獸耳盆

銷一器

漢

梁山銷銘一十五字

杅二器

周一器

季姜杅銘一十七字

漢一器

挈杅

周弡伯匜

弡伯作旅匜
其子子孫孫永寶用

右高四寸三分深二寸八分口徑長八寸闊
四寸五分容二升一合重二斤十有四兩有
流有鋬四足銘十有三字曰弡伯者恐其姓
與謚也肰有弡仲作寶簠則又知弡之一族
爾此稱伯彼稱仲昆季之序也

周季姬匜

季姬作匜

右高五寸一分深二寸七分口徑長七寸三分闊四寸一分容一升五合重二斤三兩有

流有盨四足銘四字昔晉文公重耳母曰季姬齊悼公娶季康子之妹亦曰季姬而文公母乃翟狐氏女太史公嘗以狐季姬稱之則此曰季姬者必有一於斯焉是匜盥器也易謂盥而不薦則潔以致誠而已奉祭祀者夫人之職此以季姬自銘蓋其職歟

周徧地雷紋匜

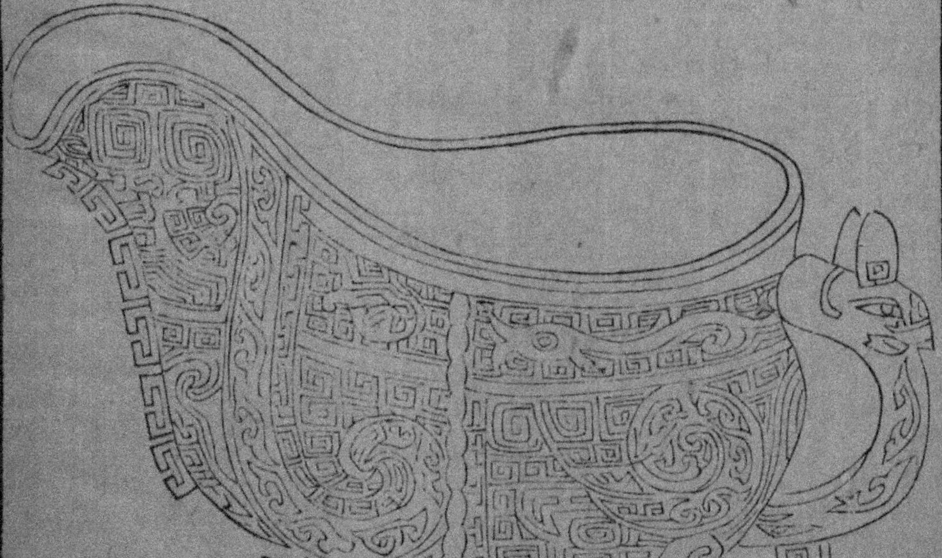

右高四寸五分深二寸六分口徑長五寸闊三寸容八合重一斤十有二兩有流有鋬闕蓋圈足無銘是器通作夔狀色如精金但下有翅足之其首背在蓋而亡之其體間復作雷紋間以小夔故其制度非周不能為也

周夔匜

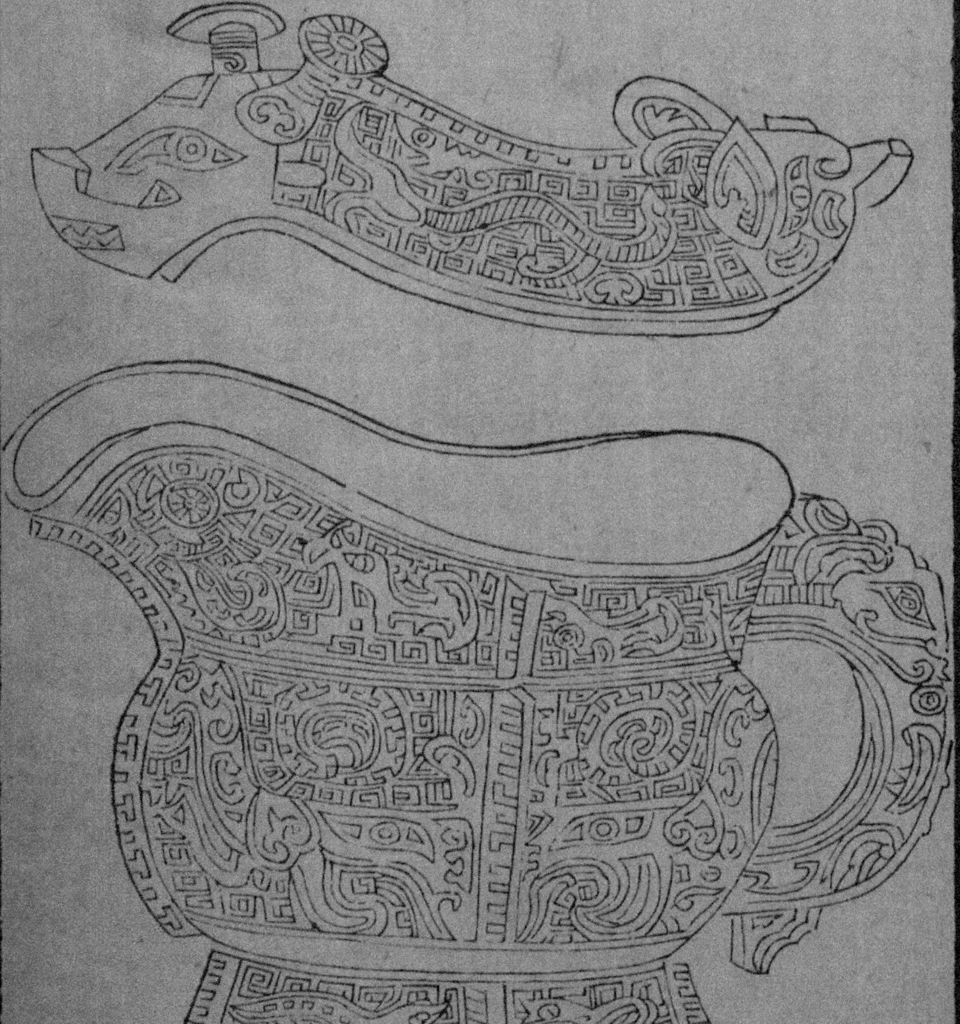

右通盖高六寸深二寸八分口徑長四寸八分闊二寸三分重三斤四兩有流有鋬無銘是器通體飾以夔紋盖亦如之製作華藻大槩與周祖戊匜形制相近但闕其銘耳

周牛足匜

右高四寸三分深二寸九分口徑長九寸四分闊五寸容三升四合重三斤九兩有流有鋬四足無銘是器以牛首為鋬易曰坤為牛牛地類故其足以地之數偶而不奇馬天類故其足圜以天之形圜而不方今其足牛也斤而偶方而不圜乃知莫不有法象耳匜盥潔之器將以達其誠是亦若郊牛繭栗以將其誠而已

漢注水匜

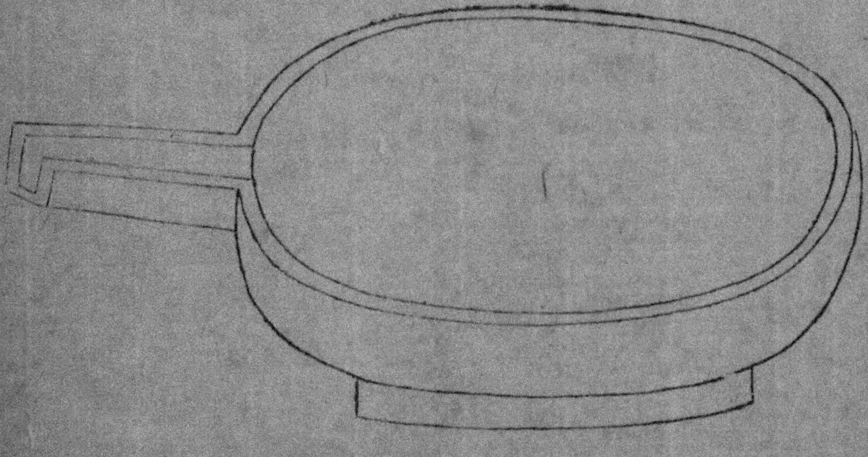

律斤衡蘭
注水匹容一升
始建國元年
正月癸酉
朔日制

右高一寸二分深一寸一分口徑三寸容三
合重五兩有流銘二十二字曰始建國元年

正月癸酉朔日制按漢新室當孺子嬰初始元年戊辰十二月改爲建國此言元年正月則當是明年己巳歲制此器也此器形制如盂而淺且其旁復出一流與匜畧不相類追見其識文乃知匜也然所容三合其器特小恐几格間所用者耳

漢螭匜

博古廿一　十二

右高四寸三分深二寸四分口徑長八寸闊四寸九分容二升重二斤八兩有流有鋬四足無銘鋬飾以獸而有首足鱗爪如龍廼螭也匜盥手之器而所飾如此意亦有寓焉蓋螭為少仁多威之獸未審厥意果何在也

周楚姬匜盤

齊侯作楚
姬寶盤其
萬年子、孫、
永保用

右高四寸五分深一寸八分口徑一尺四寸
三分耳高二寸二分闊二寸八分容一斗重

十七斤有半三足銘十有七字曰齊侯作楚姬寶盤先是得楚姬匜其銘曰齊侯作楚姬寶匜今復見其盤正一時物也故名之曰匜盤焉按楚與齊從親在齊湣王之時所謂齊侯則湣王也周室之末諸侯自王久矣銘其器以侯稱之尚知止乎禮義彝器法度所自出故其銘如此

周魯正叔匜盤

魯正叔之
穸作盬其
○○子、孫、
永壽用之

右高二寸一分深一寸五分口徑一尺三寸
耳高二寸闊二寸八分足徑九寸五分容八

升三合重一十斤十兩銘十有八字曰魯正叔作按魯周公所封自伯禽之國而蕃衍盛大為天下顯諸侯且號禮義之邦者以周公之聖風化所本餘膏賸馥澤後世而不竭故其世葉與周相為盛衰至戰國時而仲叔季之氏族遂分其國猒所謂正叔雖不見於經傳必魯之公族也

洗 星 七 周

博古廿

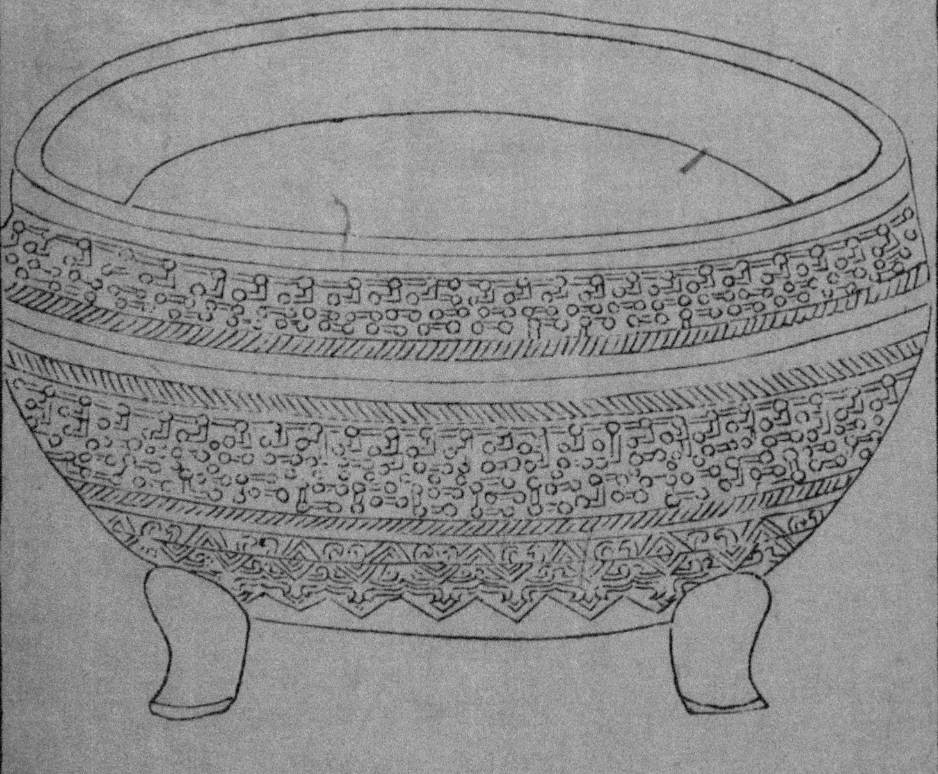

共闕五十七字　四寸三分口徑一尺一寸容一重四斤六兩三是無銘洗所以隱起七星兩兩三三參差相比𣅜可數夫水之於五行於方為於位亦為北故詩曰維北有斗星以方求之耳又況水氣之在之在天為漢而斗實運於其間之形則又以類得之矣古者之

天地之左海故洗當東榮水在
猶肰矧夫設飾之義可無意歟
疊特為績細非他洗可比良是

周負龜洗

右高六寸深三寸一分口徑一尺四寸足徑五寸九分容八升二合重七斤有半無銘洗中環以三魚而中作一大龜負一小龜于上昔者河出圖龍載之洛出書龜載之以河出於天而龍天類也洛出於地而龜地屬也且介蟲三百六十龜爲之長是謂四靈昔人以斷吉凶別是非莫不本於此故於是飾之洗而法象焉蓋取其負圖之狀此易所謂天生

神物聖人則之故伏羲氏體之而畫八卦也因其所飾而寓以微意乃尚象之義玆三代之器宜其法如此

周龜魚洗

右高五寸一分深三寸一分口徑一尺四寸足徑六寸三分容九升二合重七斤無銘中飾一龜而三魚環之龜於鱗屬為之首故魚從之且器環以三魚者從之之象也洗貯水之器言其類故有取於龜魚焉是器復有足而足間復有三竅可以為繚絡之地此尤異於它器也

漢陽嘉洗

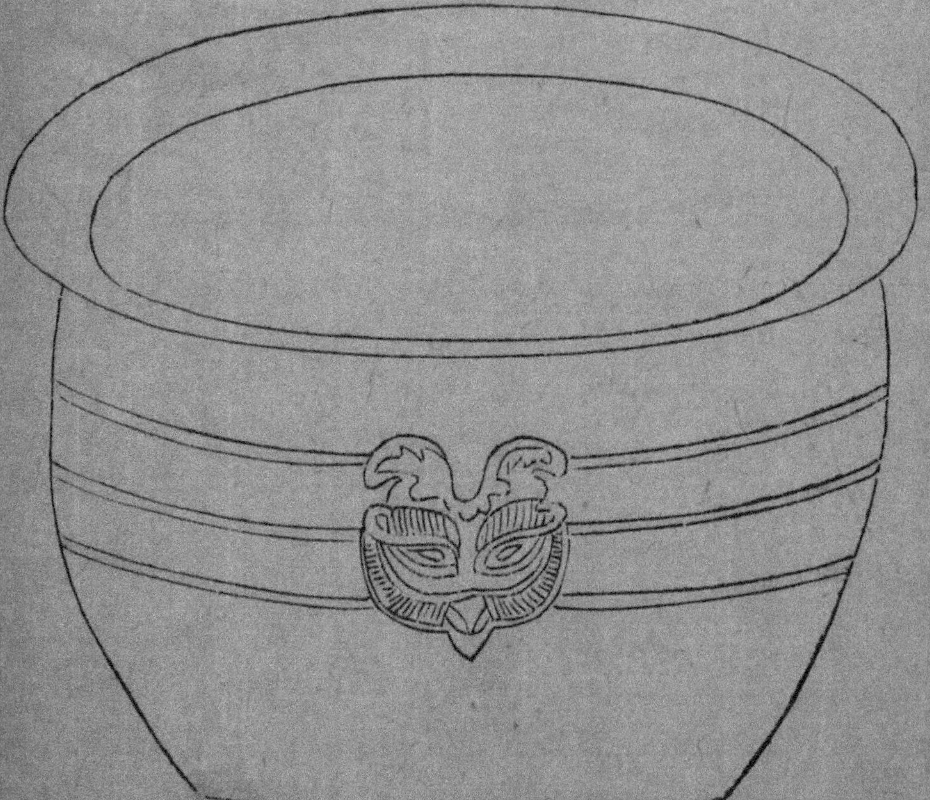

陽嘉四年朔令

右高四寸一分深四寸口徑八寸八分容六升三合重一斤兩耳銘六字曰陽嘉四年朔

令按孝順帝即位之十年改年紀曰陽嘉凡四年茲器曰陽嘉四年蓋謹其所造之歲也曰朔者朔月也曰令者時令也字之右狀魚之形字之左復作鷺以鷺習水而捕魚其猶習於禮而得民之譬也洗盥手之器於此以奉祭祀交神人非苟肰者謹其歲時且象而規之蓋不能無微意耳

漢蟠夔洗

右高三寸四分深三寸二分口徑一尺四分容八升有半重三斤六兩兩耳無銘兩漢去古未遠而製作之間尚有三代典刑故方之後世為有法是器以蟠虁為耳而雷紋相錯玆諸鼎彝莫不飾此而漢得以宗之於是自漢而下無傳焉然則求三代之遺法當於漢得之耳

漢雙魚洗

右高三寸四分深三寸三分口徑七寸八分容四升有半重二斤三兩無銘其器類陽嘉洗肰中飾以二魚筆畫不繁縟而簡古真漢物也且魚與水相須之物於是洗皆旌以魚又漢之姜詩嘗有雙鯉之祥當時頗高其行得非用為雅製耶昔人於動作間無所不致其義豈特於此見之

漢獸耳盆

右高四寸一分深三寸四分口徑七寸五分足徑四寸四分兩獸面鼻串圜環環徑各一寸二分容五升重一斤十有一兩無銘是器純素無紋特自然之色青碧相間非智巧所能到者

漢梁山銗

梁山銅二斗鋗重十斤元康元年造扶

右高四寸二分深四寸一分口徑七寸四分腹徑七寸六分容六升重二斤十有三兩有銘在其脣曰梁山銅二斗鋗重十斤元康元年造外復有一扶字按漢孝宣帝即位之十年乃改元康而是器蓋元康元年造也其扶字乃號耳如好時鼎之用山字是也梁山銅者紀其貢金之地梁山於漢初爲孝王之封梁山依山鼓鑄爲國之富故在孝王時有礨

尊直千金戒後後世寳之則梁山之銅有自来矣其後梁之子孫分其國為五則在孝宣時[闕一字]不替貢金之職耳

周季姜杅

博古廿一

廿九

伯索史作季
姜寶盂其萬
年子子孫孫永用

右高六寸二分深六寸口徑一尺一寸九分
兩耳各長二寸二分各闊二寸容一斗五升

重九斤十有二兩銘十有七字曰伯索史作季姜寶盉其萬年子子孫孫永用夫季姜之稱於書傳多指婦人言之如詩所謂孟姜是也彼曰孟姜而此曰季姜者乃其序耳伯索史作季姜盉則知為季姜而作也是器圜而銳其底非執不能定也宜古人於此寓意焉

漢挈杅

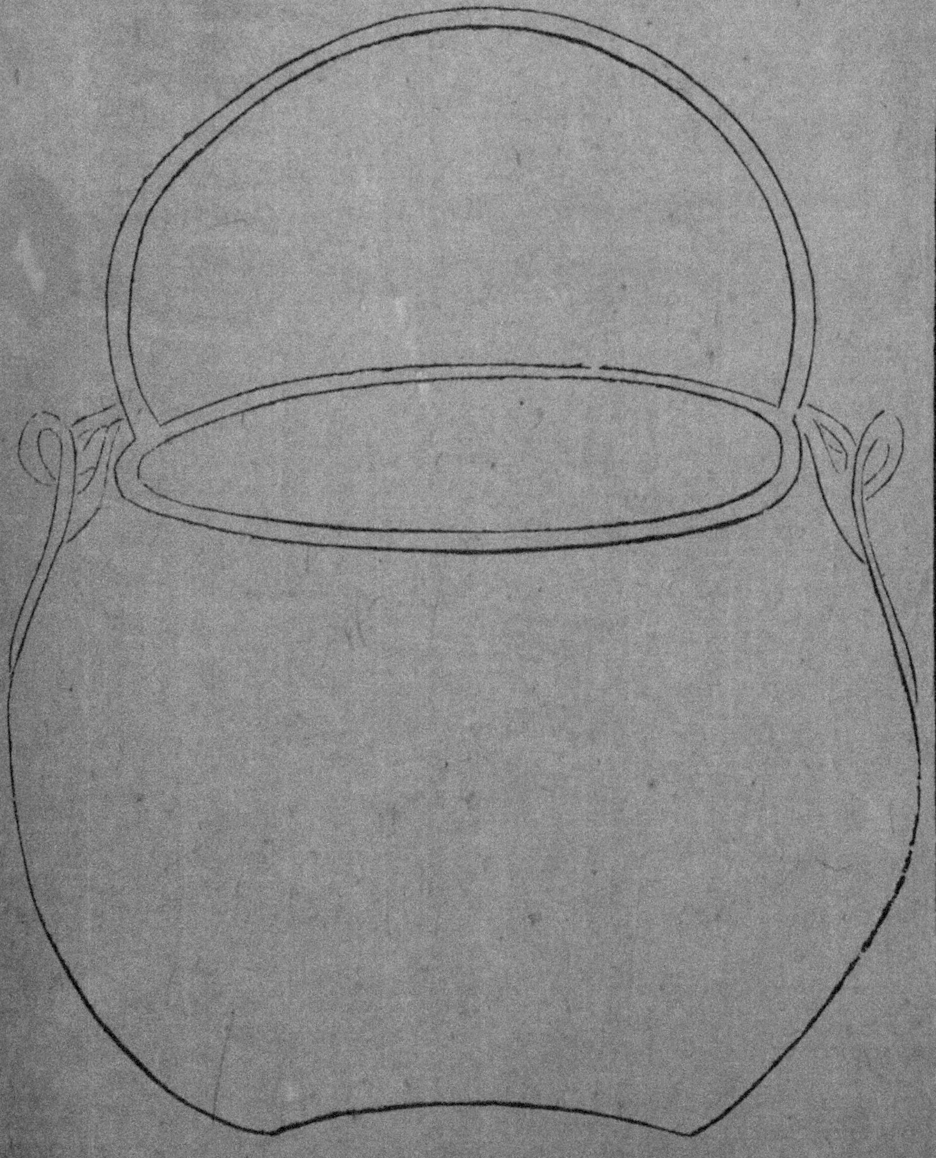

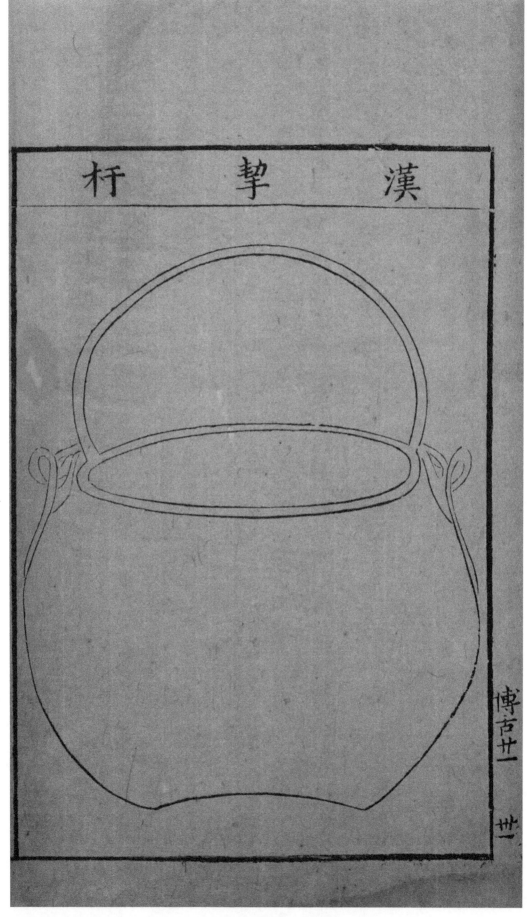

右高四寸六分深四寸五分口徑五寸九分
兩耳連提鋬容六升重一斤十有二兩無銘
是器形如罍純素無紋連貫以提梁便於將
挈也然與商周之器制度不類宜列于漢

博古圖錄考正卷第二十一

博古圖録考正卷第二十二

鐘總説

鐘一一十七器

周

齊侯鎛鐘 銘四百九十二字

齊侯鎛鐘一 銘八十五字

齊侯鎛鐘二 銘七十三字

齊侯鎛鐘三 銘八十字

齊侯鎛鐘四 銘七十二字
蛟篆鐘 銘五十二字
遲父鐘 銘四十字
聘鐘 銘一十五字
寶和鐘一 銘二十二字
寶和鐘二 銘二十二字
寶和鐘三 銘二十二字
宋公䪫鐘一 銘六字

宋公䪫鐘二 銘六字

宋公䪫鐘三 銘六字

宋公䪫鐘四 銘六字

宋公䪫鐘五 銘六字

宋公䪫鐘六 銘六字

鐘總說

聖人之作樂也文之以五聲播之以八音而八音之始必原於律呂律呂之氣肇於黄鍾黄鍾之生而平於中正則鑄之金磨之石繫之絲木越之匏竹其大不過宫其細不過羽或戛或繫或摶或拊一合焉一止焉而樂由此以成矣然八音之器語其制作既肇於黄鍾之數而上下相生月律互間周一歲之月

十二數而金奏舉其餘絲竹之類必因鐘律以求協而同歸於和者為備樂然則鐘固樂之始也其大者為特鐘則獨垂其一是律倍黃鐘之數而成者也其小者為編鐘是律數不倍十有六枚而同一簴者也有鎛焉則大於編鐘而減於特鐘者也考之周官鳧氏所以鎔範者有兩欒而為銑銑間則有于而鼓鉦舞與之相次其上為衡甬旋蟲以屬於簴

而體備枚篆擁隧之飾焉且特鐘編鐘至於

鎛之為器小大雖殊凡茲致飾惟一而已比

先王之法也由漢已來浸失其傳枚所以節

聲而長短異狀衡甬旋蟲所就以固結而易

之為篠以下垂枚短則聲不能節而有隆殺

易之為篠以下垂則動揺而有餘韻叅雜相

紊雅正或乖而能知之者夔襄不世出良可

歎夫今之所獲上追商周下逮秦漢古法具

存固可因器以考其聲因聲以為其樂將見
漢武之遺音可復傳於斯日矣顧不美歟

周齊侯鎛鐘

惟王五月辰在
戊寅師于淄陲
公曰汝及余經
乃先祖余既敷
乃心汝忠畏忌
汝不墜夙夜宦
執而政事余弘
猒乃心余命汝
政于朕三軍肅
成朕師旟之政
德諫罰朕庶民
左右毋諱及不
敢弗敬戒虔卹
乃死事穆和三

軍徒衙雩乃行
師慎中乃罰公
曰及汝敬共辭
命汝應鬲公家
汝恐恪朕行師
汝肇敏于戎攻
余錫汝釐都胤
爵其縣三百余命
汝治辭釐造國
徒三千為汝敵寮
乃敢用拜稽首
弗敢不對揚朕
辟皇君之錫休

命公曰及汝康
能乃有事率乃
敵寮余用登純
厚乃命汝及毋
曰余少汝敷余
于艱卹虔卹不
易左右余一人余
命汝緘差饗為
大事繼命于外
内之事中敷盟
刑汝以敷戒公
家應卹余于盟
卹汝以卹余朕

身余錫汝車馬
戎兵釐僕二百有
卒家汝以戒戎
作及用或敢再
拜稽首應受君
公之錫光余弗
敢廢乃命及典
其先舊及其高
祖虩虩成唐又敢
在帝所敷受天
命刻伐履司敗
乃靈師〇少臣
惟輔咸有九州

處禹之都不顯
穆公之孫其配
⿰土歇公之妣而餓
公之女雩生叔及
是辟于齊侯之
所是忠龔齋靈
力若虎謹恪其
政事有共于公
所敦擇吉金鈇
鎬鑇鋁用作鑄
其寶鏄用享于
其皇祖皇妣皇
母皇考用祈眉

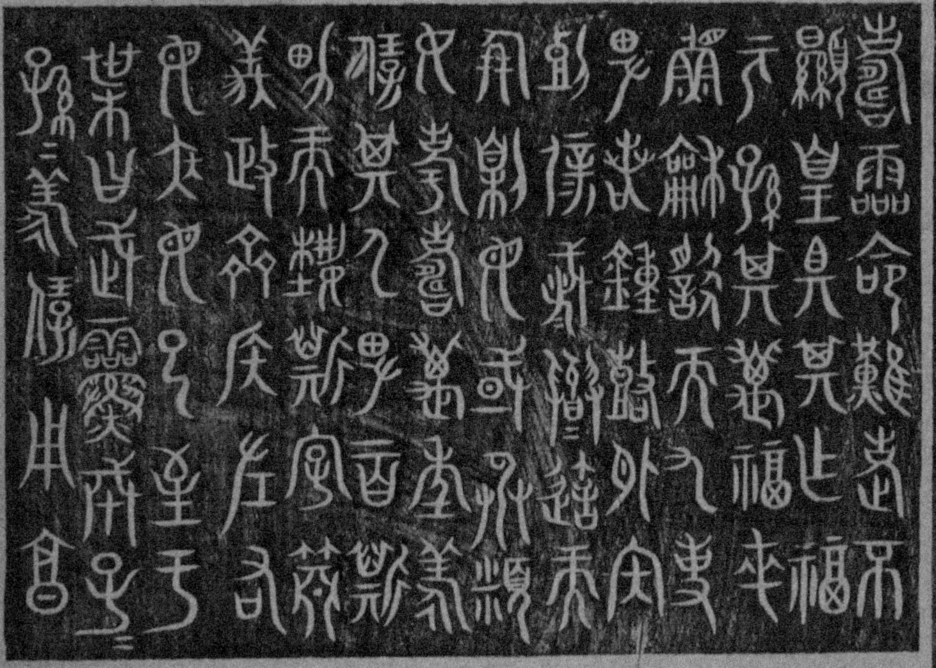

壽令命難老不
顯皇祖其作福
元孫其萬福純
魯龢協而有事
俾若鍾鼓外內
開闢都俞造而
朋剁母或承類
汝考壽萬年永
保其身俾百斯
男而埶斯字肅
義政齊侯左右
毋央毋已至于
業曰武靈成子〻
孫〻永保用享

右高一尺七寸五分鈕高二寸一分闊二寸三分兩舞相距一尺一寸八分横九寸四分兩銑相距一尺四寸七分横一尺二寸三分重一百二十二斤八兩銘四百九十二字按是器今考其銘文有曰師于淄陲按太公呂望周封於爽鳩之墟營丘之地是為齊郡今臨淄是也曰命汝政于朕三軍肅成朕師旟之政州申以誥戒之辭也曰咸有九州則齊

之封域有所謂臨淄東萊闕一字海高密膠東太山樂安濟南平原蓋九州也曰虜禹之都者齊四岳之後四岳佐禹有功封於申呂故言虜禹之都也曰不顯穆公之孫其配[illegible]公之妣而餓公之女者蓋古之彝器不獨銘其功業而又及其配偶之事是猶詩言齊侯之子衛侯之妻東宮之妹邢侯之姨皆紀其當時婚姻異姓之國也曰擇吉金用作鑄其寶鎛

者鎛鐘屬也王安石解其字以謂厚以厚物為大薄以薄物為小鎛從薄訓小故也國語曰細鈞有鐘無鎛尚大故也大鈞有鎛無鐘尚細故也以此推之則鎛比特鐘為小比編鐘為大今此鐘銘曰鎛攷其形制乃大於鐘蓋春秋之時禮樂征伐自諸侯出而等衰制度無復先王之法而妄自夸大耳以周官制器則首言鐘師而以鎛師為之次是其小大

自異而此制器之時蓋齊之中世其實周鐘
也詳其銘或受錫者三一曰錫汝釐都其縣
三百國徒三千二曰錫汝車馬戎都釐僕二
百有五十家三曰錫乃吉金鈇鎬錯鏐鋚鑣
乃用作鑄其寶鐘或蓋齊之巨臣以勳庸顯
者其錫蕃庶如此其銘之鋪張又如此此臧
武仲所謂作彝器銘功烈以示子孫以昭明
德者也齊之中世桓公之業替焉文字之傳

尚復粲然可觀若此周監于二代郁郁乎文

哉信矣

周齊侯鐘一

惟王五月辰在戊寅師于淄陲公曰汝及余經乃先祖余既敷乃心汝忠畏忌汝不墜夙夜宦執而政事余弘厭乃心余命汝政于朕三軍肅成朕師旟之政德諫罰朕庶民左右毋諱及不敢弗敬戒虔卹乃死事穆和三

周齊侯鐘二

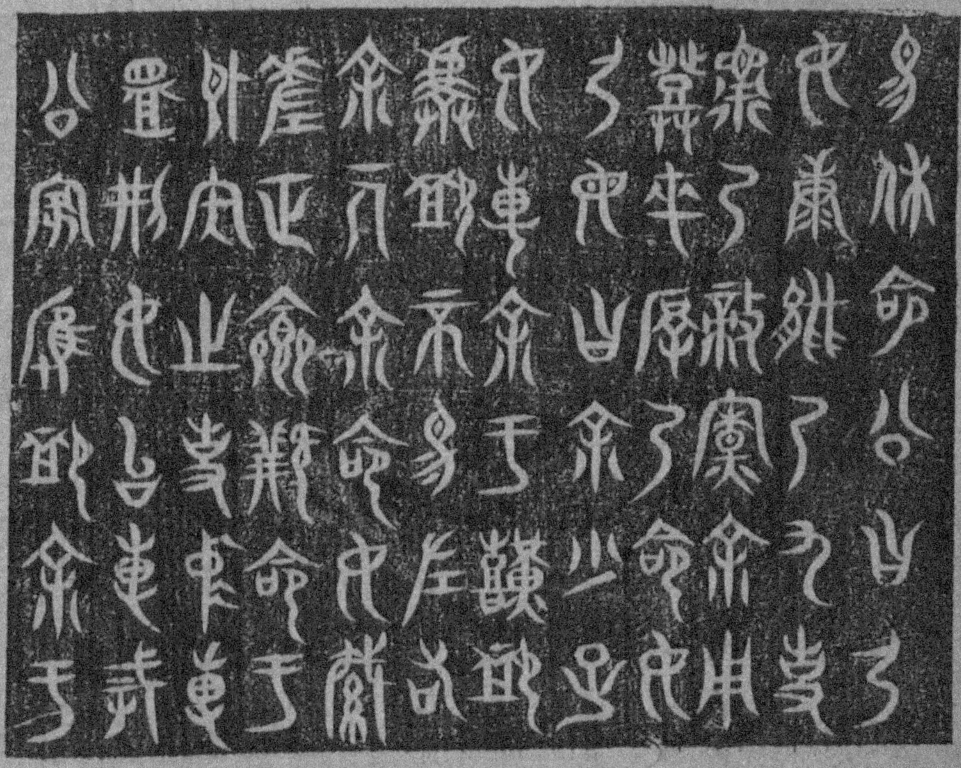

錫休命公曰及
汝康能乃有事
率乃敵寮余用
登純厚乃命汝
及毋曰余小子
汝敷余于艱卹
虔卹不易左右
余一人余命汝緘
差正饗繼命于
外内之事中敷
盟刑汝以敷戒
公家應卹余于

周齊侯鐘三

命刻伐屨司敗
乃靈師伿少臣
惟輔咸有九州
處禹之都不顯
穆公之孫其配
𡐦公之妣而餓
公之女雩生叔
及是辟于齊侯
之所是小心龔
齊靈力若虎謹
恪其政事有共
于桓武靈公之
所桓武靈公錫
乃吉金

周齊侯鐘四

鈇鎬玄鏐錛鋁
乃用作鑄其寶
鐘用享于其皇
祖皇妣皇母皇
考用祈眉壽令
命難老不顯皇
祖其作福元孫
其萬福純魯龢
協而九事畏若
鐘鼓外內停詞
都、俞、造而朋剝
母或承類

第一器高一尺五分甬長三寸七分徑一寸二分兩舞相距四寸五分横三寸二分重二十八斤銘八十五字

第二器高一尺一寸六分甬長四寸五分徑一寸兩舞相距六寸五分横四寸六分重三十一斤有半銘七十三分

第三器高一尺二分甬長五寸五分徑一寸三分有旋兩舞相距七寸横五寸六分兩銑

相距七寸五分橫五寸六分枚三十六各長
七分重三十五斤銘八十一字
第四器高九寸三分甬長五寸四分徑一寸
二分有旋兩舞相距五寸八分橫五寸兩銑
相距六寸二分橫五寸三分枚三十六各長
七分重三十斤銘七十二字
右四器形制皆相肖但巨細不等自第一器
至第四器其銘文敘致初疑當合為一及得

齊侯鎛鐘銘觀之則辭語先後果與今所次者適相脗合有曰刻伐履司敗乃靈師伿少臣惟輔咸有九州處禹之都至於錫乃吉金則次三之鐘辭也有曰鈇鎬玄鏐鏻鋁乃用作鑄其寶鐘至於毋或承類則次四之鐘辭也合四鐘之辭至是語而止矣此又或詳或畧之不同也是鐘齊物也齊自太公望得國而周天子使召康公命之曰五侯九伯汝實

征之以夾輔王室東至于海西至于河南至于穆陵北至于無棣皆得而正之故自太公流澤之久迄于桓公凡兵車之會三乘車之會六而終以霸焉是器必首稱於桓公者其以此也至於言封域之出處世次之先後錫賚之多寡此不復論蓋已具於齊侯鎛鐘矣

周蛟篆鐘

惟正月仲
春吉日丁
亥既望分
召純釐擇
乃吉金自
欣和其安
以樂娛奉
喜而賓客
其怡鼓之
夙暮不忘
烏余子孫
萬葉無疆
用之協相

右高七寸六分甬長四寸九分徑一寸一分有旋兩舞相距四寸八分横三寸七分兩銑相距五寸五分横四寸三分枚三十六各長七分重十有五斤銘五十二字字極古間作鸞鵠蛟螭之形其銘不可辨識者凡九字曰惟正月仲春吉日者猶漢麟鳳銘言秋十月也蓋正月之吉適得仲春之節故謹其時而言之昔張懷瓘在翰林時見古鐘紀夏禹之

績皆紫金鈿以大篆神彩驚人此鐘款識蓋亦鈿金篆也是鐘甬旋比它鐘蟲鏤尤劌瑰妙當甬旋之間設環象獸形聶崇義所謂旋當甬之中央為環飾之以蟲曰旋蟲者是也爾後甬旋之制或變為龍螭虎鈕與夫圜環之類蓋制作不純于古者如此按薛尚功款識法帖當作商器

周遲父鐘

遲父作姬齊姜龢林夾鐘
用昭乃穆〻不顯龍光乃
用蘄丐多福侯父洎齊
萬年眉壽子〻孫〻亡疆寶

右高一尺二寸甬長六寸徑一寸五分兩舞相距九寸横六寸七分兩銑相距一尺三分横七寸五分校三十六各長一寸四分重四十五斤銘四十字是鐘遟父為姬齊姜作也曰用卲乃穆穆不顯龍光則穆穆以言其欽和不顯以言其甚顯而龍光者又言其承天子之寵光也詩言為龍為光是矣蓋鐘樂之大者樂所以示其和而銘之所載又以形容

其和之之德福以類應故祈此多福亦求福
不回之謂也是其所以為子孫無疆之傳焉

周聘鐘

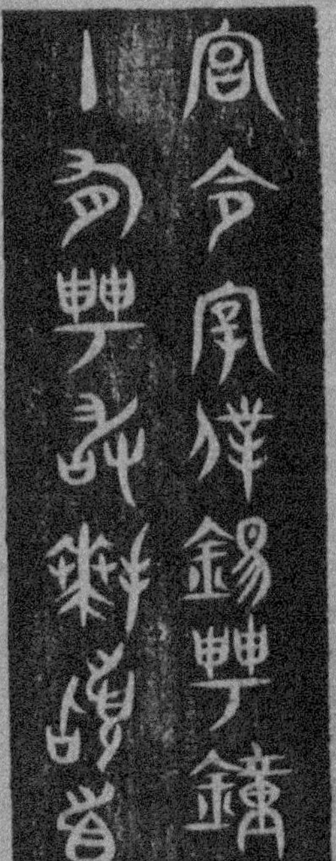

宮令宰僕錫聘鐘
十有二聘敢拜稽首

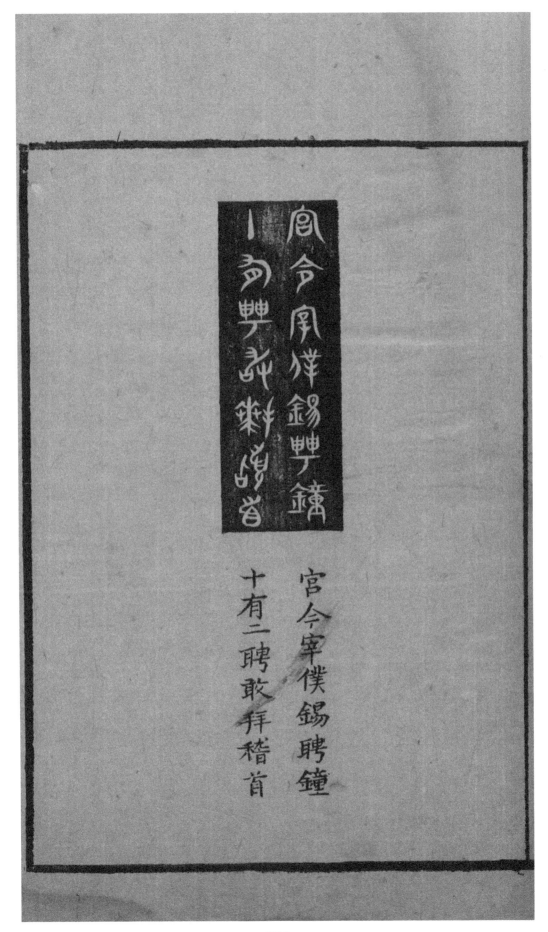

右高一尺二分甬長四寸七分徑一寸一分兩舞相距七寸五分横五寸三分兩銑相距七寸九分横五寸二分枚三十六各長一寸銘一十五字在昔人臣有功於國者必昭其功而勒諸金石故若魏絳和戎而獲五利則賜之樂而始具金石之奏是也夫編鐘之數十六而聘之所錫十有二是知其為分方應月律者如此耳若夫名氏所出典籍缺漏盖

無得而考焉

周寶和鐘一

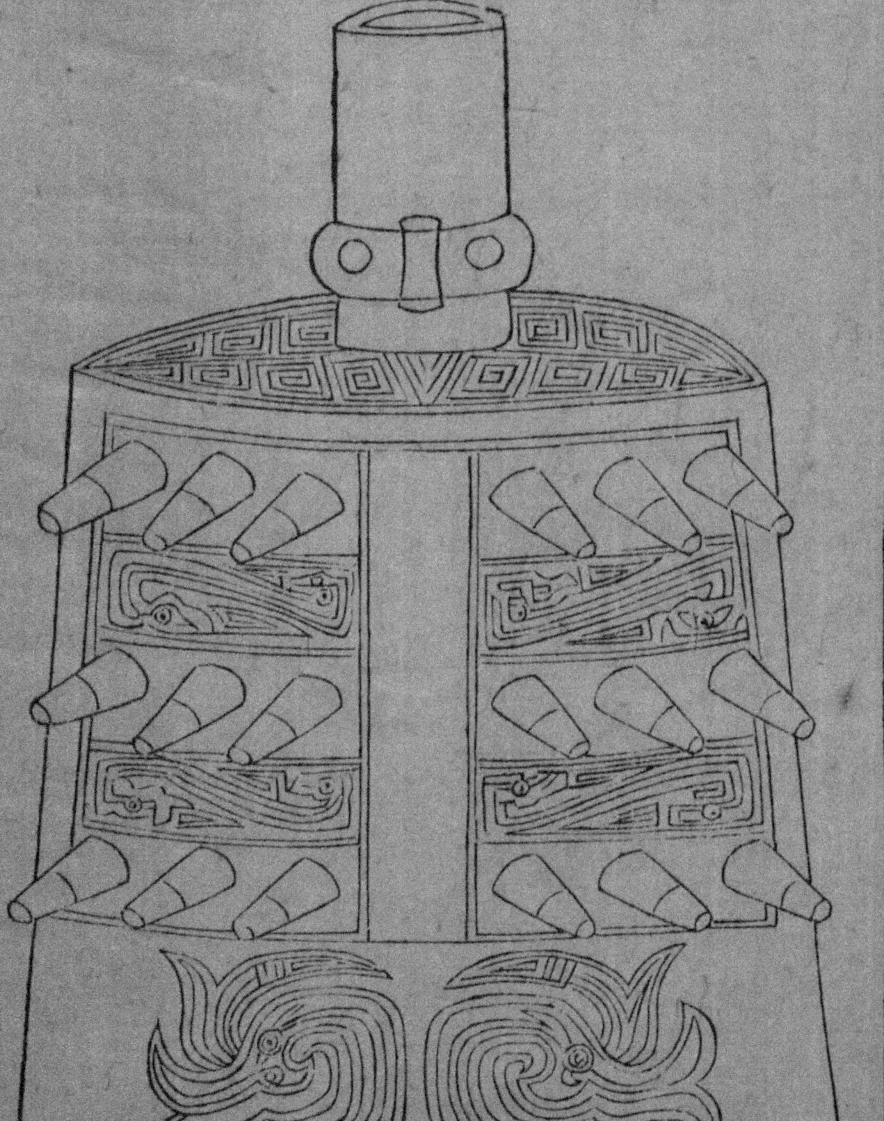

走作朕祖文考寶龢鐘
走其萬年子〻孫〻永寶用享

高一尺二寸甬長五寸二分徑一寸九分兩舞相距八寸三分横六寸兩銑相距九寸七分横七寸一分枚三十六各長一寸重三十四斤銘二十二字

周寶和鐘二

走作朕皇祖文考寶龢鐘
走其萬年子、孫、永寶用享

高一尺二寸六分甬長五寸八分徑一寸二分兩舞相距八寸九分橫六寸九分兩銑相距一尺五分橫七寸五分枚三十六各長一寸五分重三十二斤銘二十二字

周寶和鐘三

博古廿二

廿五

走作朕皇祖文考寶龢鐘
走其萬年子〻孫〻永寶用享

高一尺一寸二分甬長五寸二分徑一寸七分兩舞相距八寸橫五寸六分兩銑相距九寸三分橫六寸五分枚三十六各長九分重三十二斤銘二十二字

右三器皆銘曰走夫走自卑之辭如司馬遷所謂牛馬走是也且孤寡不穀侯王自稱之耳曰文考者如曹楚晉衛或侯或王皆以文稱蓋以德立國者必曰文以功立國者必曰武是則稱文者特不一也肰此鐘制樣皆周物豈以追享文王而作歟在周之時於后稷曰思文於文王曰文考於大姒曰文母是皆稱其德也今曰皇祖文考則宜在成康之後

作樂以承祖宗時耳

周宋公䪫鐘一

宋公成之謌鐘

宋公成之謌鐘

高一尺二寸六分鈕高三寸九分闊九寸五分兩舞相距一尺橫六寸六分兩銑相距一尺一寸七分橫九寸四分枚三十六各長三分重三十三斤銘六字

周宋公䪫鐘二

宋公戌之䪫鐘

宋公成之䪫鐘

高一尺二寸八分鈕高三寸九分闊九寸三分兩舞相距九寸五分横七寸五分兩銑相距一尺一寸三分横九寸三分枚三十六各長五分重三十二斤銘六字

周宋公䪫鐘三

宋公戌之誙鐘

宋公戌之誙鐘

高一尺二寸二分鈕高三寸七分闊八寸八分兩舞相距九寸一分横七寸一分兩銑相距一尺五分横八寸二分枚三十六各長五分重二十八斤八兩銘六字

周宋公䪫鐘四

宋公戌之䪫鐘

宋公戌之䪫鐘

高一尺一寸鈕高三寸八分闊八寸四分兩舞相距八寸橫六寸五分兩銑相距一尺橫七寸二分枚三十六各長三分重二十六斤有半銘六字

周宋公䪞鐘五

宋公成之䪫鐘

高一尺一寸鈕高三寸七分闊八寸七分兩舞相距七寸五分橫五寸五分兩銑相距九寸一分橫六寸七分枚三十六各長四分重十有八斤一十兩銘六字

周宋公䪫鐘六

宋公戌之誙鐘

宋公成之誙鐘

高一尺三分鈕高三寸七分闊八寸六分兩舞相距七寸一分横五寸一分兩銑相距八寸六分横六寸三分枚三十六各長三分重一十六斤有半銘六字

右六器銘文畧無小異皆曰宋公成之䪫鐘夫歷代之樂顓帝曰六莖帝嚳曰五英黄帝曰雲門堯曰大章舜曰大韶禹曰大夏商曰大濩周曰大武夫䪫字與莖通用則䪫鐘者是為顓帝之樂宋者商之系二王之後得用天子禮樂則歷代之樂章故當有之蓋此鐘特其一代之名耳宋自微子有國二十世而有共公固成又一世而有平公成又七世而

有剔公成則所謂宋公成者不知其爲誰也
惟太祖有天下實起睢陽故國號大宋是六
鐘既出於宋地而銘文又有曰宋公成則其
於受命之邦出爲太平之符者正其時歟由
是作樂之初特詔大晟府取是爲式遂成有
宋一代之樂焉當知古今符命莫不各有所
感召云

博古圖録考正卷第二十二

博古圖録卷第二十三

鐘二 四十器

周

雙夔鐘三
雙夔鐘四
雙螭鐘
素乳蟠夔鐘
素乳鐘
龍鐘
立夔鐘一
立夔鐘二

立夔鐘三

篆帶鐘一

篆帶鐘二

篆帶鐘三

挾耳鐘一

挾耳鐘二

星帶鐘一

星帶鐘二

輔乳鐘一

輔乳鐘二

碎乳鐘一

碎乳鐘二

碎乳鐘三

碎乳鐘四

大編鐘一

大編鐘二

大編鐘三
大編鐘四
大編鐘五
大編鐘六
大編鐘七
大編鐘八
素帶鐘
素篆鐘

雙鳳鐘

通甬鐘

一面蛟螭鐘

周夔首鐘

右高一尺八寸四分甬長九寸二分徑二寸五分有旋兩舞相距一尺橫七寸三分兩銑相距一尺一寸八分橫九寸枚三十六各長二寸一分重七十九斤無銘是器遍體飾以夔首按周官梟氏論鐘之制惟篆帶之外詈無它飾而此飾以夔首者蓋後世變易而為之也夔著之鼎彝為食飲之節然則狀之於鐘亦所以節樂耳

周特鐘

右高二尺三寸甬長一尺二寸六分徑三寸兩舞相距一尺三寸横一尺一寸一分兩銑相距一尺五寸三分横一尺一寸六分枚三十六各長二寸五分重一百二十八斤有半無銘此特鐘也按禮圖以十六枚同在一簨簴謂之編鐘至於特鐘則獨垂而已盖比它鐘而黄鐘律倍半枚極脩大衡甬窒實自于而上至於篆帶閒皆作雲氣非文盛之世曷能底此

周雙夔鍾一

周雙夔鐘二

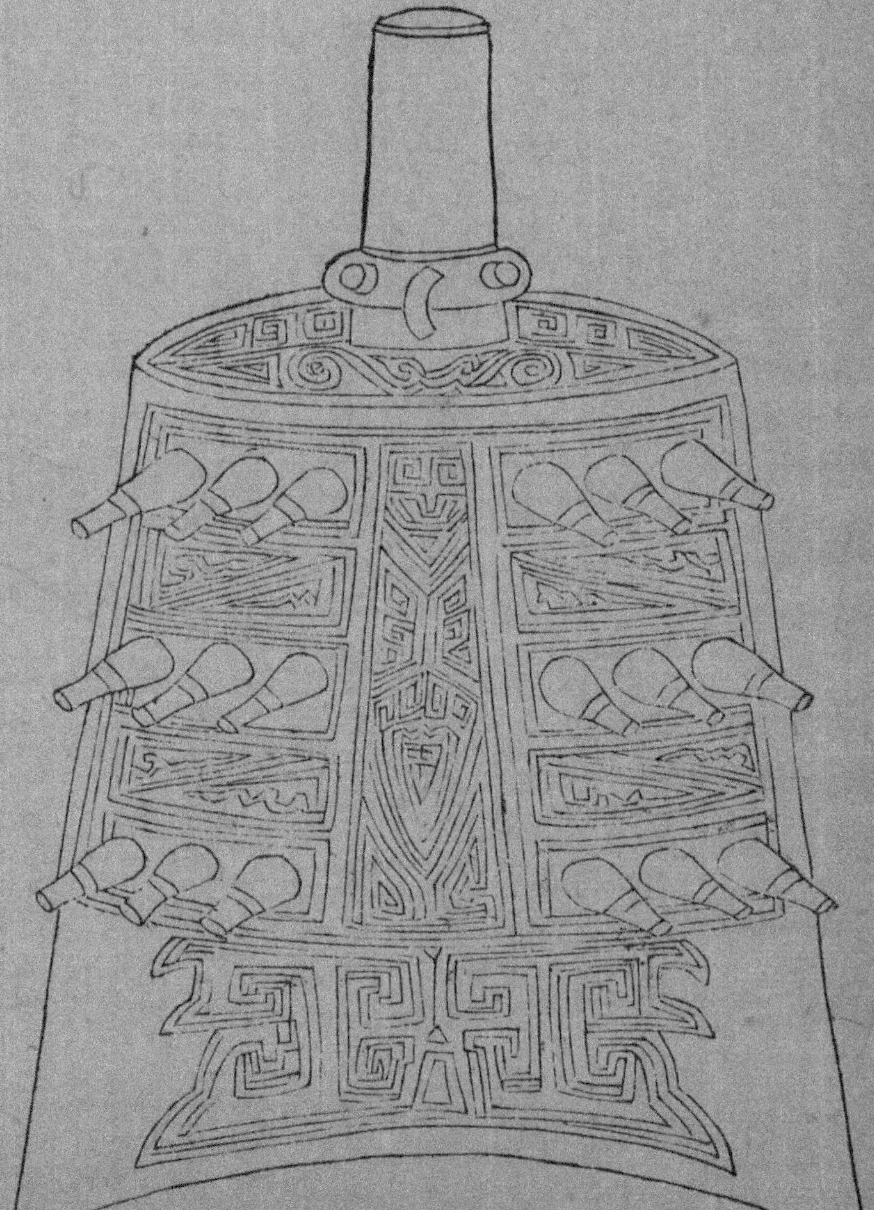

周雙夔鍾三

周雙夔鐘四

第一器高一尺二分甬長四寸六分徑一寸三分有旋兩舞相距五寸八分横三寸四分兩銑相距七寸二分横三寸九分枚三十六各長一寸二分重十有四斤三兩無銘

第二器高一尺二分甬餘剥不完兩舞相距七寸二分横五寸四分兩銑相距八寸五分横六寸一分枚三十六各長一寸五分重二十四斤無銘

第三器高一尺五寸二分甬長七寸五分徑二寸二分有旋兩舞相距九寸六分横六寸七分兩銑相距一尺六分横七寸六分枚三十六各長二寸二分重五十斤八兩無銘

第四器高一尺七分甬長四寸七分徑一寸三分有旋兩舞相距六寸二分横五寸兩銑相距七寸一分横五寸四分枚三十六各長一寸二分重一十八斤有半無銘

右四鐘高下重輕雖不同而至於作雙夔之飾則一也盖雙夔取其以類相從之義大抵鐘之為樂類取象於獸以明堂下萬物之治則雙夔之飾殆得此理爾

周雙螭鐘

右高一尺六寸二分甬長七寸八分徑二寸七分有旋兩舞相距九寸橫七寸三分兩銑相距一尺一寸橫八寸四分枚三十六各長二寸一分重六十四斤無銘而體中為雙螭之狀夫雲雷螭龍之物昔人每以為鐘鼎之飾蓋不獨是器有也然是器又特為雙螭以取其類從正如詩所謂鳳凰于飛翽翽其羽而從之者衆夫鳥獸之屬從之者衆非得其性何以致此樂以象治故取象如此

周素乳蟠夔鐘

博古廿二 十二

右高七寸甬長四寸徑一寸一分兩舞相距四寸四分横三寸二分兩銑相距五寸二分横四寸枚三十六各長六分重五斤四兩無銘是鐘乳素自鼓至舞閒隱起細紋作蟠夔狀器雖小而擊之則其聲洪大盖亾出於精工之所冶者

周素乳鐘

右高一尺一寸二分甬長四寸九分徑二寸兩舞相距八寸横六寸五分兩銑相距一尺一分横七寸八分枚三十六各長一寸重二十七斤十有二兩無銘是鐘通體與甬皆周以縏乳鉦間特闊而不狹篆帶亦頗近古而鼓間復作雷紋但無隧擵之形耳肬三十六枚與它鐘雖相似畧無致飾故以素乳名之

周龍鐘

右高一尺七分甬長四寸八分徑二寸五分
兩舞相距七寸五分橫五寸兩銑相距九寸
九分橫六寸五分枚三十六各長九分重二
十一斤八兩無銘是器其枚銳而不圜旋以
花紋為飾每面作八龍循緣相向狀其騰躍
之勢枚間間以雷紋觀其製作與它鐘稍異
特晚周物也

周立夔鐘一

周立夔鐘二

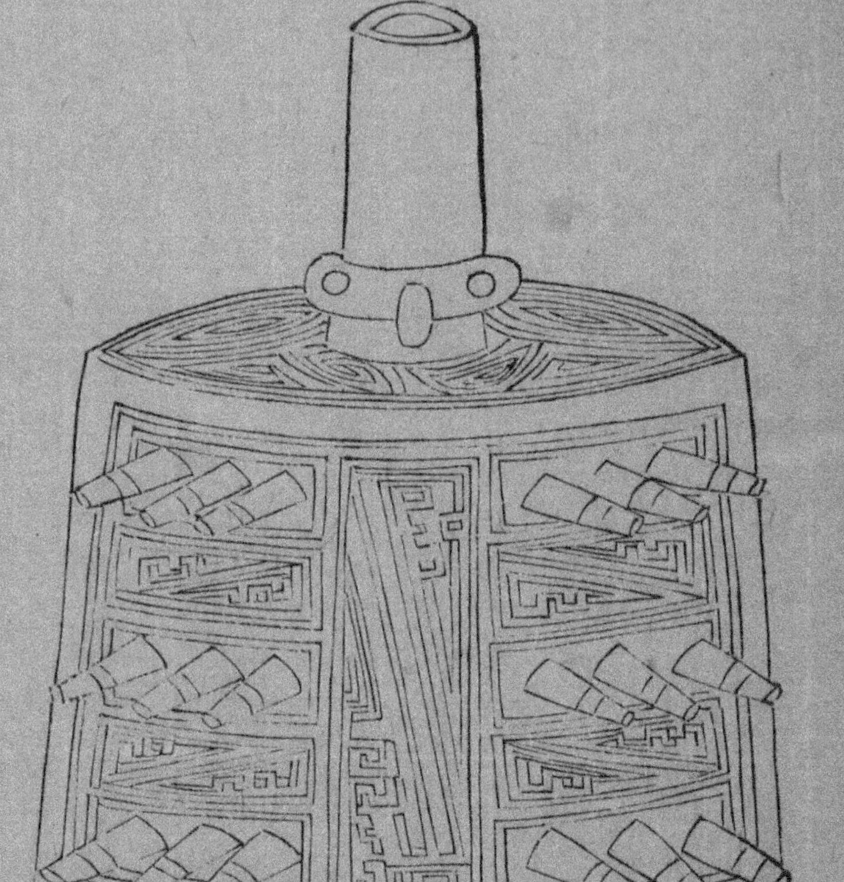

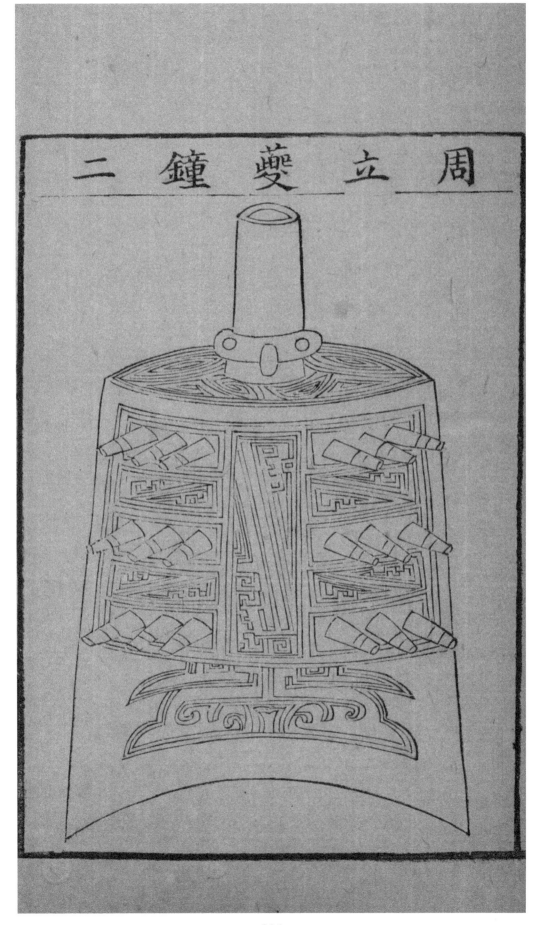

周立夔鐘三

前一器高八寸三分甬長三寸八分徑一寸二分有旋兩舞相距五寸橫三寸七分兩銑相距六寸橫四寸二分校三十六各長一寸一分重九斤無銘

次一器高九寸六分甬長四寸三分徑一寸二分有旋兩舞相距五寸六分橫四寸二分兩銑相距六寸五分橫四寸六分校三十六各長一寸重十有六斤六兩無銘

後一器高八寸甬長三寸七分徑一寸有旋
兩舞相距五寸橫三寸四分兩銑相距五寸
五分橫三寸八分枚三十六各長九分重九
斤無銘
右三器皆作立夔之飾而舞上復為雷紋無
小異者特前一器一面有之此其不同考諸
物理天之有雷世之作樂莫不因時而起而
鼓鐘又音之巨者故以雷況之夔者山澤之

獸所難制者今起而為率舞之狀則先王之
咸若鳥獸蓋可知矣故其飾如此

周篆帶鐘一

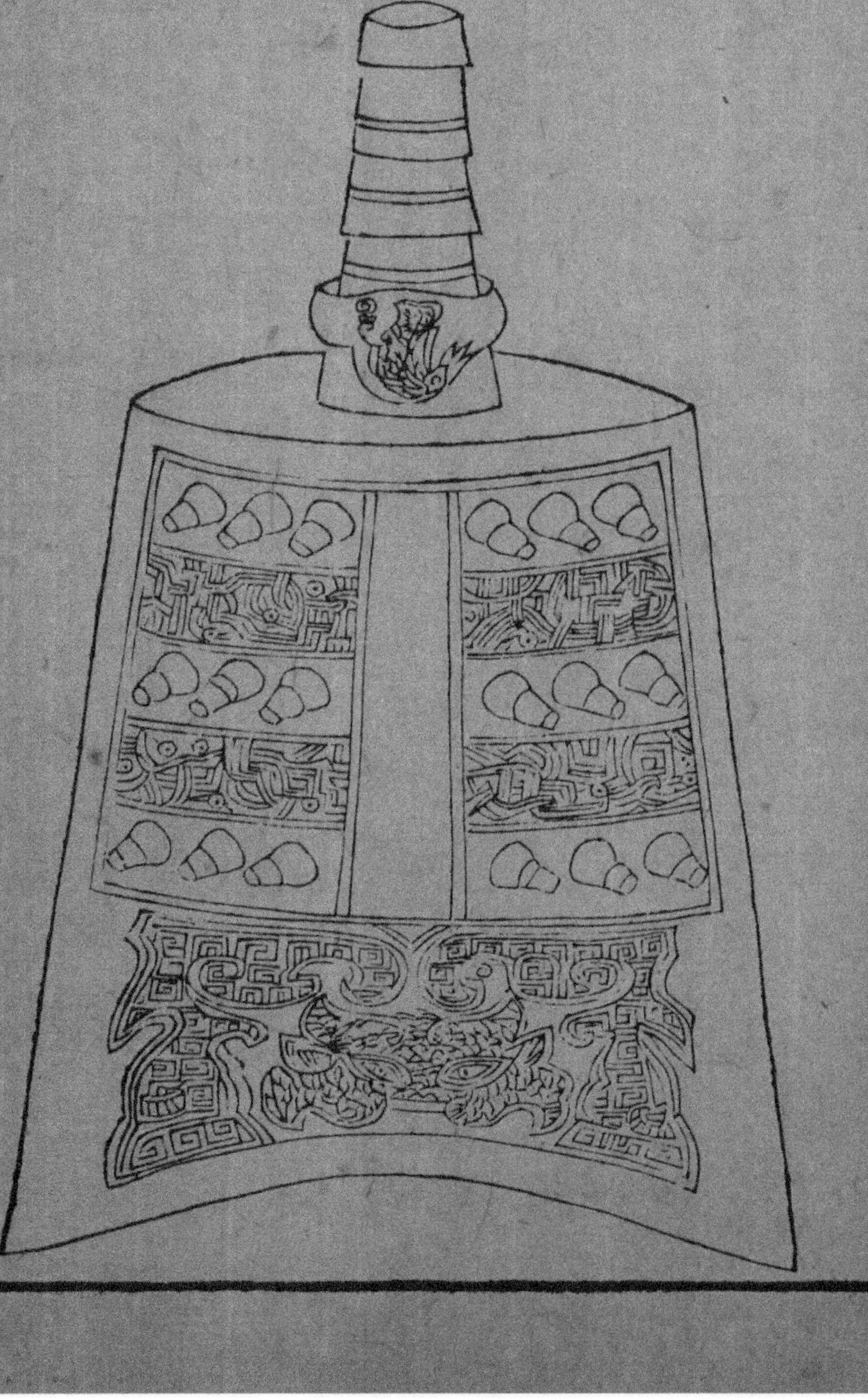

周篆帶鐘二

周篆帶鐘三

前一器高一尺一寸六分甬長六寸七分徑
一寸六分有旋兩舞相距七寸六寸橫六寸
三分兩銑相距九寸八分橫六寸二分枚三
十六各長五分重十有六斤無銘
次一器高一尺一寸六分甬長五寸六分徑
一寸五分有旋兩舞相距七寸橫五寸兩銑
相距八寸橫六寸枚三十六各長一寸四分
重二十斤無銘

後一器高一尺九分甬長三寸七分徑一寸四分兩舞相距六寸橫四寸四分兩銑相距七寸一分橫五寸三分枚三十六各長一寸二分重一十斤十有二兩無銘

右前一器甬特長大約以圜環者三旋蟲則為鳳形枚景之間別分畦畛而中縈篆帶又狀蟠虁於鼓隧之上次一器枚鼓與頂間皆作篆帶糾結之勢其小異者特為一面之飾

後一器成體切相類而甬虚旋素此為差別
耳詳視三鐘濡金凝質精純一致非有周𡧍
工莫能到

周梜耳鐘一

周挾耳鐘二

前一器高一尺一寸二分甬長五寸二分徑一寸四分有旋兩舞相距六寸六分横四寸九分兩銑相距七寸四分横五寸七分枚三十六各長一寸三分重十有七斤無銘

後一器高九寸二分甬長四寸二分徑一寸四分有旋兩舞相距五寸一分横四寸二分兩銑相距六寸横四寸六分枚三十六各長一寸重一十二斤十有四兩無銘

右二器大槩頗同其稍異處惟巨細不等眹
所飾特各一面甬皆實而不通其鼓鉦與舞
間一律作篆帶比它鐘亦畧相似但舞之兩
旁有垂帶若鼎彝中兩耳狀故以挾耳名之
疑因時製作變易而設飾之巧以至此焉

周星帶鐘一

周星帶鐘二

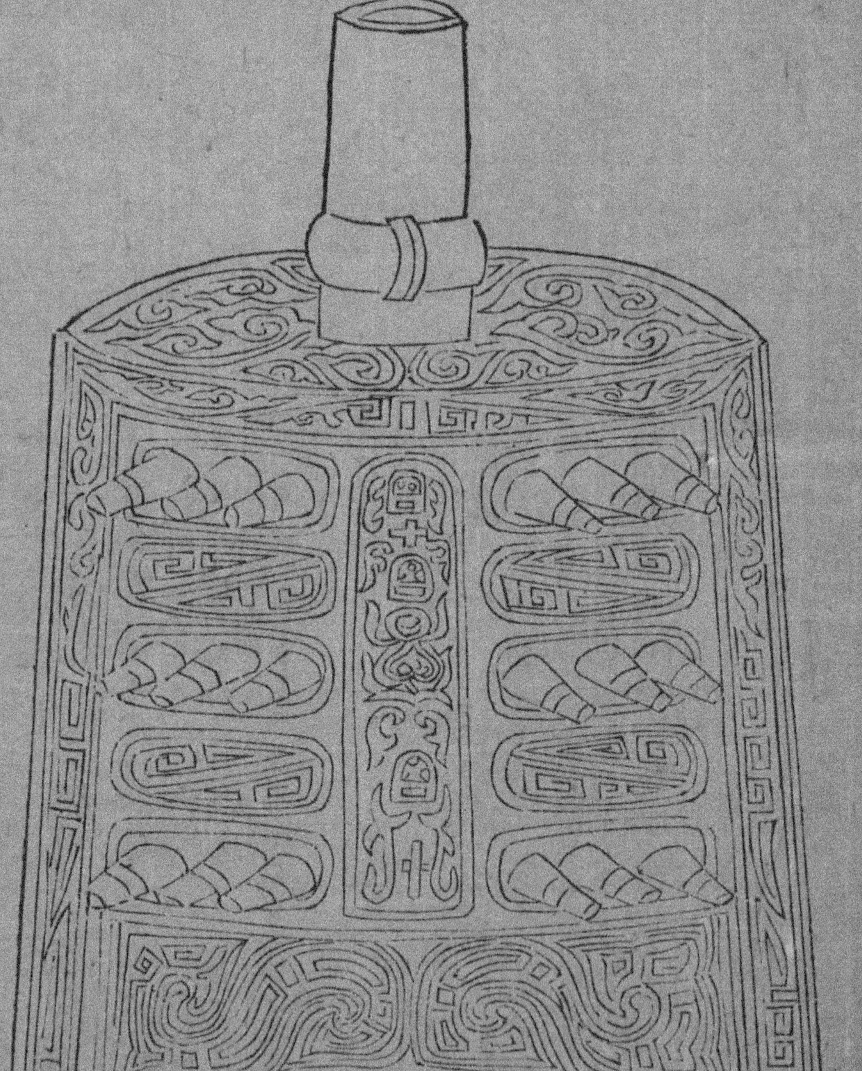

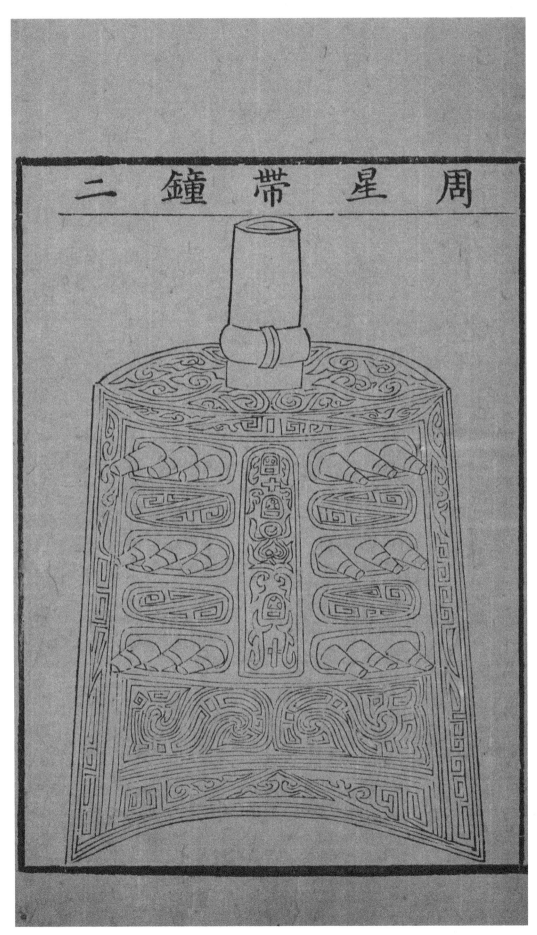

前一器高八寸四分甬長四寸四分徑一寸四分兩舞相距六寸三分横四寸八分兩銑相距七寸八分横五寸二分枚三十六各長四分重十有七斤無銘

後一器高八寸五分甬長三寸九分徑一寸四分有旋兩舞相距六寸二分横四寸兩銑相距六寸七分横四寸三分枚三十六各長八分重十有一斤二兩無銘

右二器皆飾以星紋按舜之象服十有二章而日月星辰最爲繪衣之首又彝器中多著以星象者如月星尊是也但前一器甬作雲紋鼓間著以雷篆後一器所飾尤加繁縟慭觀其煎金凝冶之工殆出一時耳

周輔乳鐘一

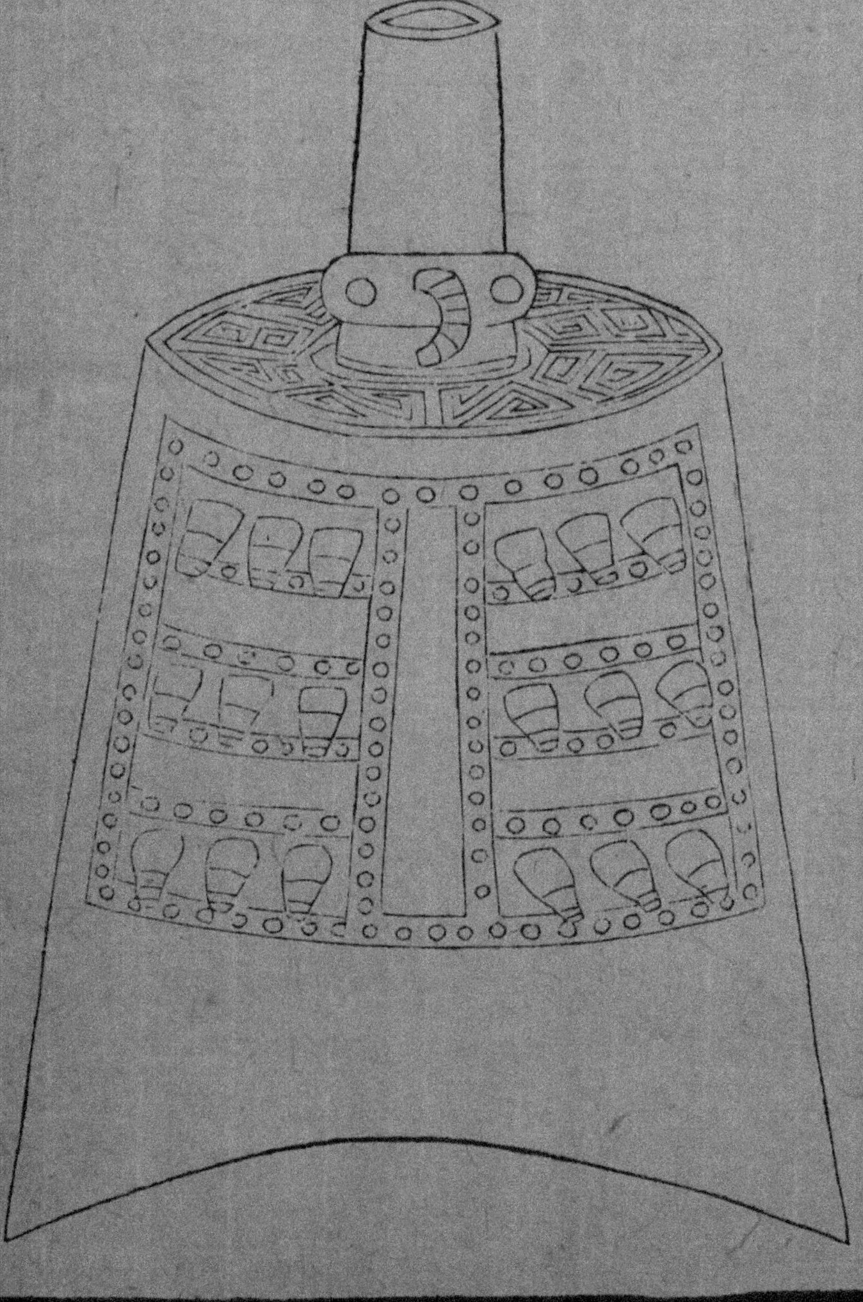

博古廿三 廿五

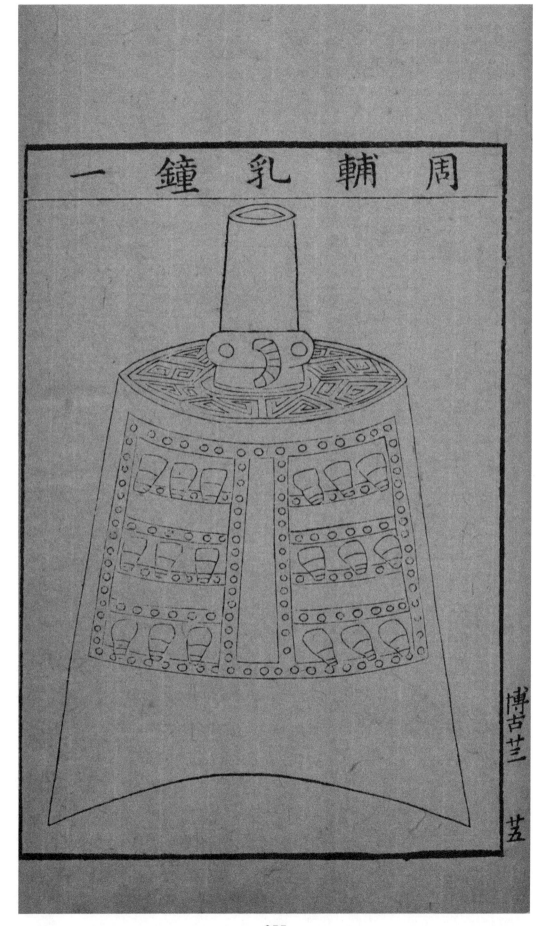

高九寸五分甬長四寸四分有旋兩舞相距六寸九分横五寸一分兩銑相距八寸二分横五寸九分枚三十六各長七分重十有七斤四兩無銘

周輔乳鐘二

高一尺五分甬長五寸六分有旋兩舞相距七寸橫五寸三分兩銑相距八寸橫六寸一分枚三十六各長一寸三分重一十六斤十有一兩無銘

右二器鐘大者為特而鎛次之其最小則為編鐘今此鐘視其量數蓋特鐘也而環體被枚乳凡三十有六焉宋李照號為知樂其論枚乳則以謂用節餘聲蓋聲無以節則鍠鍠

成韻而隆殺雜亂其理然也是鐘之名曰輔
乳六即其實而已耳

周碎乳鐘一

高七寸四分甬長四寸徑一寸一分有旋兩舞相距五寸横二寸五分兩銑相距五寸六分横四寸枚三十六各長九分重七斤有半

無銘

周碎乳鐘二

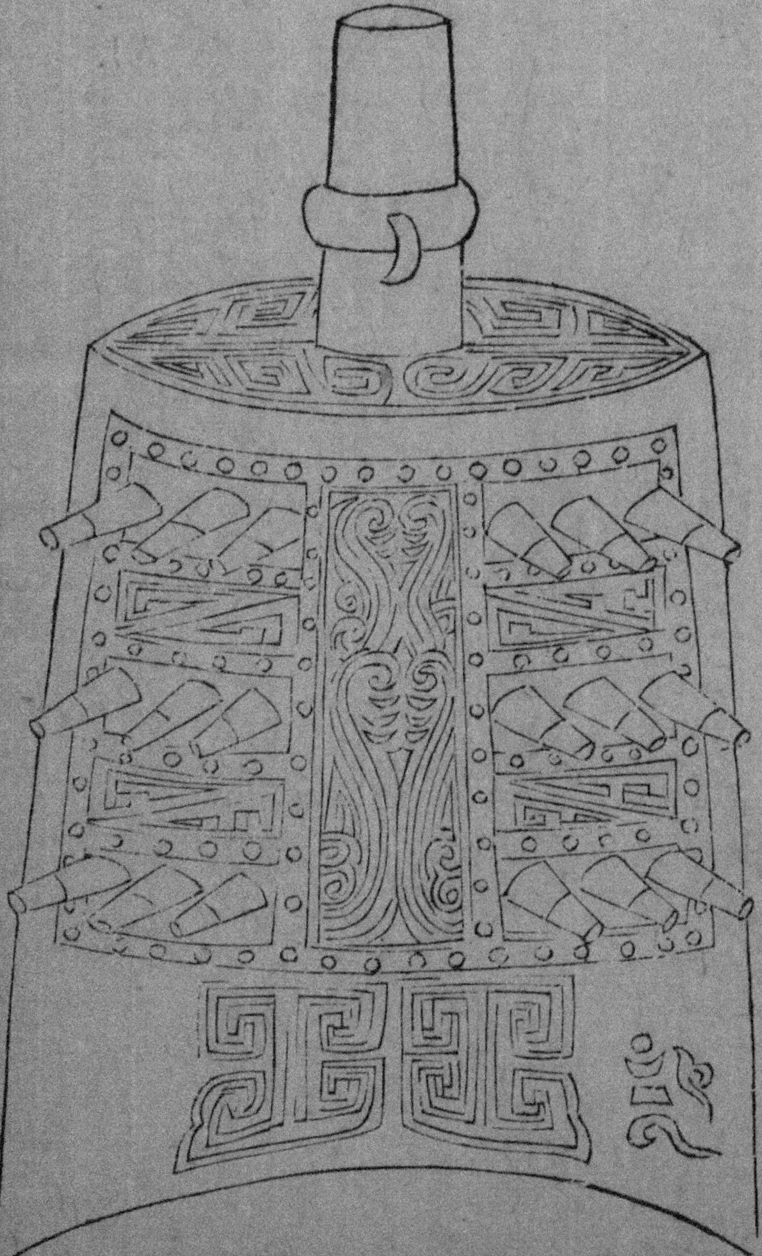

高七寸五分甬長五寸徑一寸五分兩舞相距六寸二分橫四寸四分兩銑相距七寸二分橫五寸二分枚三十六各長一寸二分重一十六斤有半無銘

周碎乳鐘三

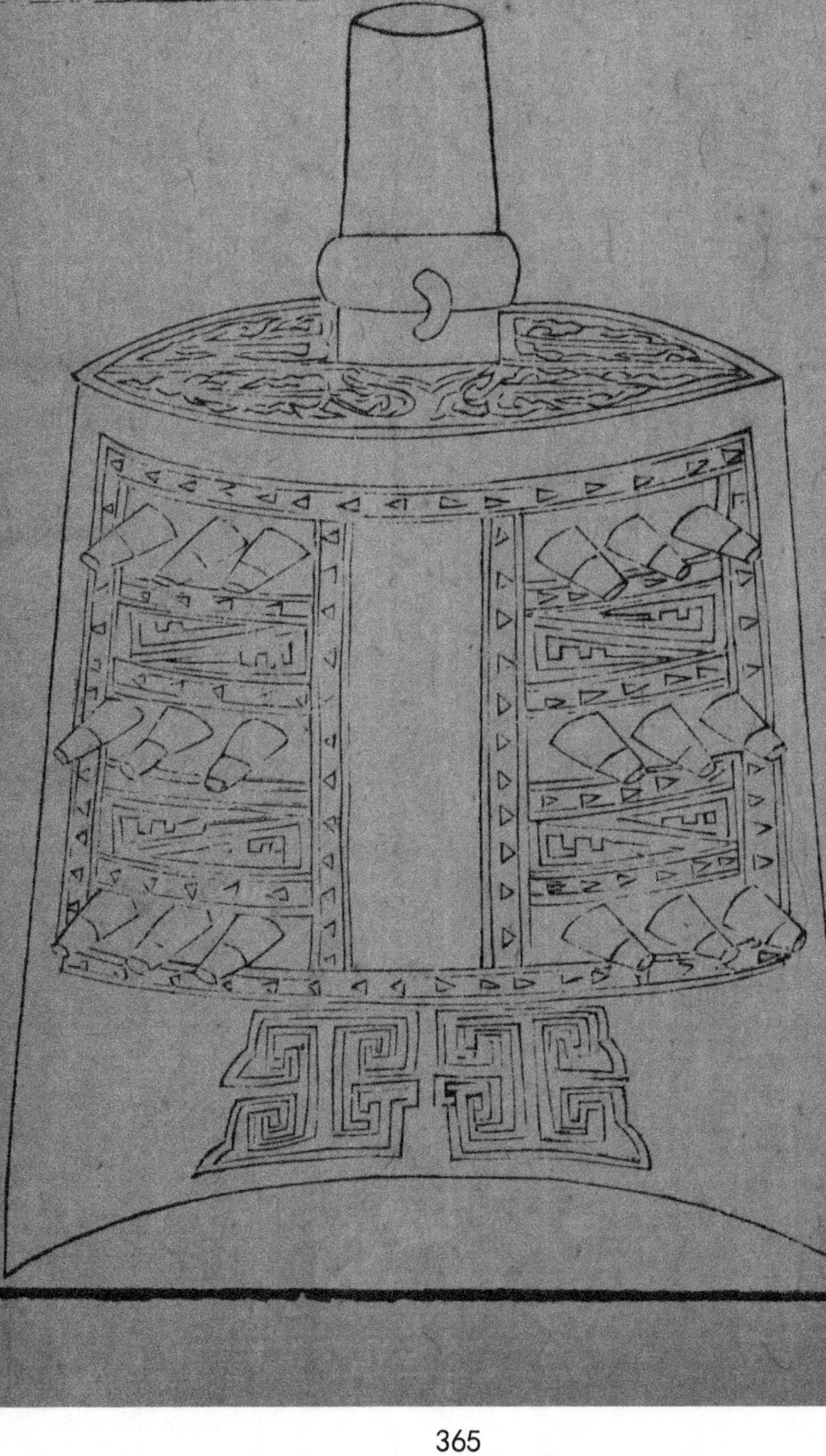

高九寸五分甬長四寸六分徑一寸六分有
旋兩舞相距七寸横五寸六分兩銑相距八
寸四分横六寸枚三十六各長七分重二十
五斤有半無銘

周碎乳鐘四

高九寸二分甬長五寸一分徑一寸五分有旋兩舞相距七寸横五寸五分兩銑相距七寸八分横六寸枚三十六各長六分重二十斤無銘

右四器於三十六枚之外皆飾以碎乳此其大同者前二器鉦上作篆帶而鼓間有雲雷之狀後二器枚間鼓上皆作夔形此其異者

然文鏤典雅俱周器也

周大編鐘一

周大編鐘二

周大編鍾三

周大編鐘四

周大編鐘五

周大編鐘六

周大編鐘七

周大編鐘八

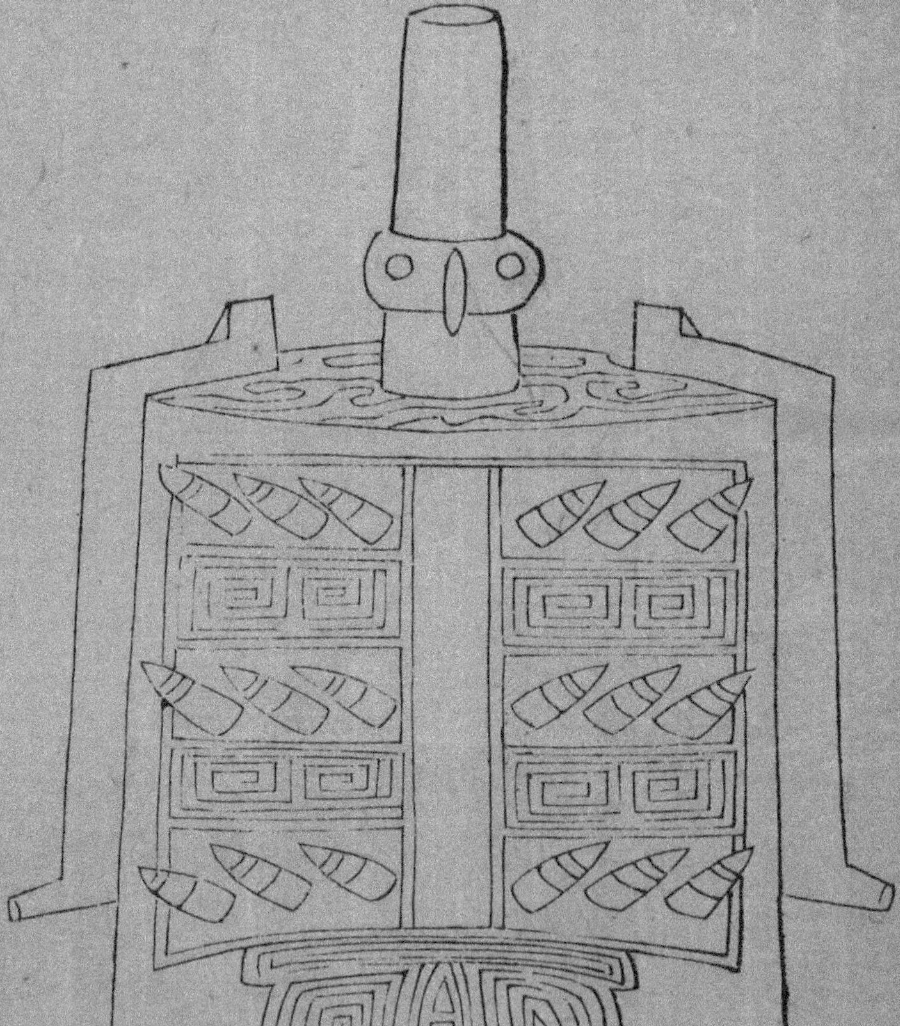

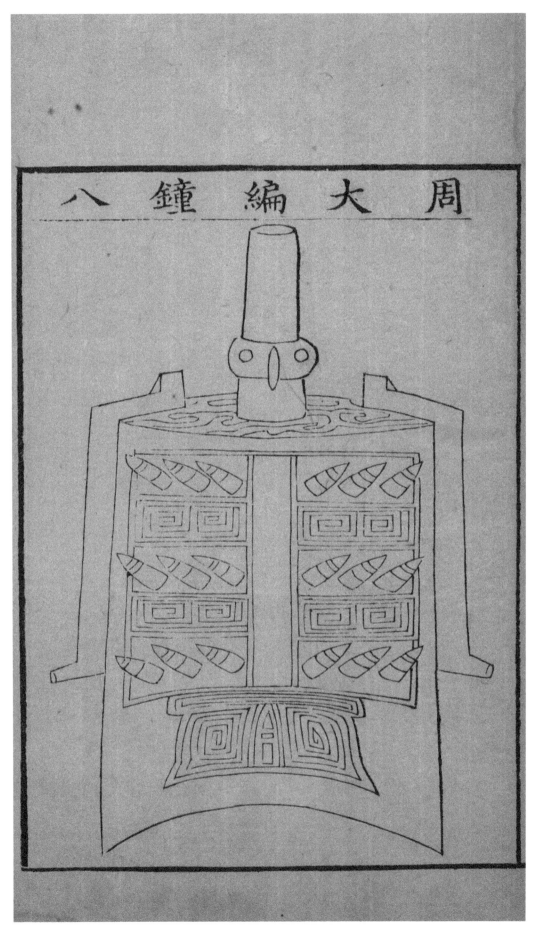

第一器高一尺六寸甬長八寸徑一寸二分兩舞相距七寸九分横五寸三分兩銑相距一尺八寸横八寸枚三十六各長一寸六分重四十六斤二兩無銘

第二器高一尺四寸二分甬長七寸徑一寸一分兩舞相距八寸四分横六寸三分兩銑相距九寸九分横六寸八分枚三十六各長一寸五分重三十九斤三兩無銘

第三器高一尺二寸七分甬長六寸三分徑一寸兩舞相距八寸橫五寸四分兩銑相距九寸橫五寸八分枚三十六各長一寸四分重二十五斤七兩無銘

第四器高一尺一寸八分甬長五寸七分徑一寸六分兩舞相距七寸三分橫五寸兩銑相距八寸二分橫五寸枚三十六各長一寸五分重二十三斤有半無銘

第五器高一尺五寸六分甬長七寸二分徑一寸二分兩舞相距七寸五分橫五寸七分兩銑相距八寸六分橫五寸四分枚三十六重三十八斤五兩無銘

第六器高一尺四寸七分甬長七寸二分徑一寸二分兩舞相距八寸二分橫五寸七分兩銑相距八寸五分橫六寸一分枚三十六重二十九斤十有二兩無銘

第七器高一尺六寸甬長六寸五分徑一寸五分兩舞相距八寸七分橫六寸一分兩銑相距八寸四分橫六寸枚三十六重三十一斤有半無銘

第八器高一尺四寸甬長四寸六分徑一寸二分兩舞相距七寸二分橫五寸五分兩銑相距七寸六分橫四寸九分枚三十六重三十斤四兩無銘

右八器凡編鐘小於鎛而今此數器爲特大
豈其律數加倍而成之者歟篆帶之上皆有
甓䕫而擁隧之間亦復如此衡甬旋蟲同於
質素若出一體惟三與八二器自兩舞循而
下翼然如觚之有稜爲特異耳且古之樂鐘
形範非圜屬幹於簴而扣之則牢結不動後
世圜其製而虡係以直垂值其考擊則揺曳
而生餘韻失之遠矣觀此數鐘誠爲得法

周素帶鐘

右高一尺三寸五分甬長六寸四分徑一寸七分有旋兩舞相距七寸三分橫五寸三分兩銑相距八寸五分橫六寸四分枚三十六各長一寸四分重二十九斤十有二兩無銘是器甬旋皆近周制獨旋作綯紐狀無復蟲幹之飾蓋變古法也又唯一面有枚介畦畛且鼓間復作兩山旁為雲紋於篆帶間則特純素不飾自是一類鐘耳然考之亦周物也

周素篆鐘

博古廿三 四十

右高五寸一分甬長三寸一分徑七分兩舞相距二寸七分横三寸一分兩銑相距四寸二分横二寸九分枚三十六各長五分重五斤一兩無銘此鐘當篆間純素而無它飾又實其甬枚景脩銑而製鍊稍精亦古制也

周雙鳳鍾

右高九寸六分甬長四寸九分有旋兩舞相距六寸八分橫五寸六分兩銑相距七寸六分橫五寸九分枚三十六各長九分重十有七斤五兩無銘是鐘甬幹純素鼓間以雙鳳為飾頂上復作八鳳有徊翔之狀鳳瑞世之物此所以取象者蓋本諸此

周通甬鐘

博古廿三　四十一

右高一尺三分甬長五寸五分徑二寸三分兩舞相距八寸三分橫五寸兩銑相距一尺二分橫六寸九分校三十六各長七分重三十二斤無銘是器篆帶作雲紋鼓間亦如之甬上特無旋蟲而出六乳瑩若星肰形質渾厚而于之中作線紋狀非它鍾之比以其甬與體貫通故以通甬名之

周一面蛟螭鐘

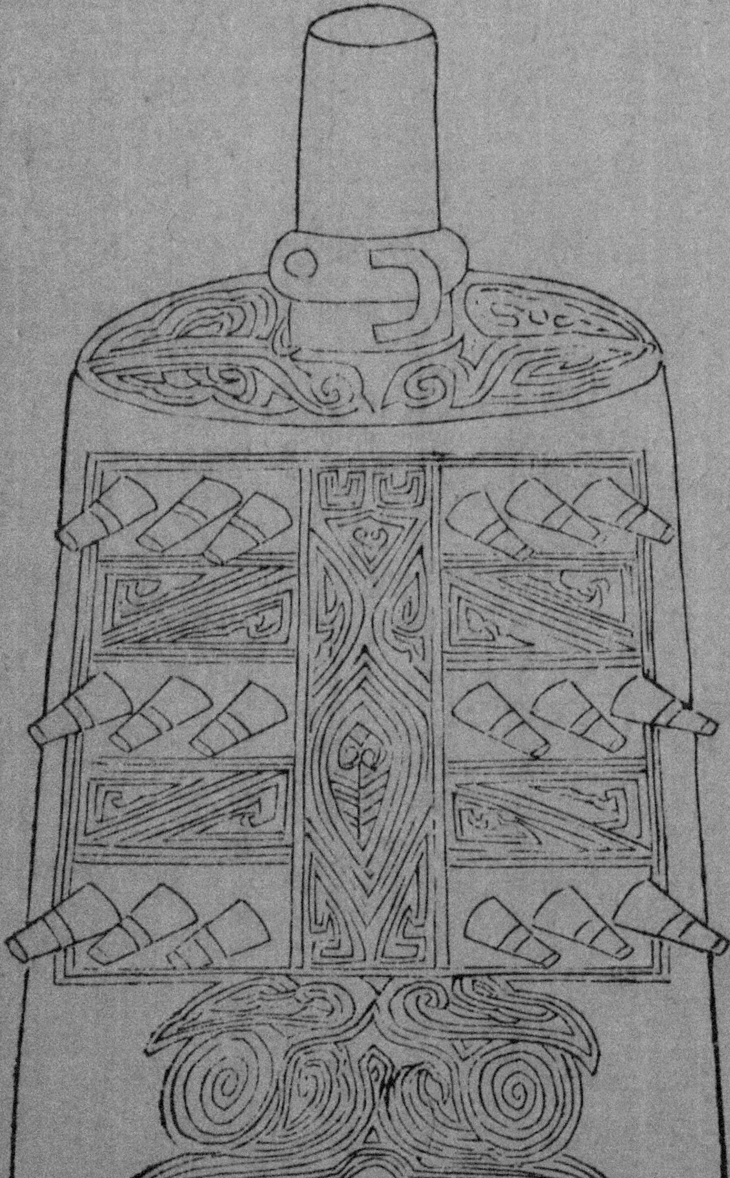

右高一尺六分甬長五寸三分徑一寸六分有旋兩舞相距六寸八分橫四寸二分兩銑相距七寸四分橫五寸枚三十六各長一寸四分重十有六斤無銘考之它器兩面各有所飾而此乃一面有之昔鳧氏為鐘惟篆於枚鉦間致飾焉是器乃為蛟螭之狀則知昔人隨時而損益之也然而或損之不見其不足或益之不見其有餘此所以能名世耳詳

闕九字

類物也

博古圖錄考正卷第二十三

博古圖錄考正卷第二十四

鐘三三十一器

周

實甬鐘一
實甬鐘二
實甬鐘三
實甬鐘四
實甬鐘五
盤紆鐘
一面篆帶鐘
對螭山甬鐘

百乳鐘
盤雲鐘
隧鐘
山鐘一
山鐘二
山鐘三
山鐘四
山鐘五

山鐘六
小編鐘一
小編鐘二
小編鐘三
小編鐘四
小編鐘五
小編鐘六
小編鐘七

小編鐘八
小編鐘九

周雷紋鐘一

周雷紋鐘二

前一器高九寸六分甬長六寸徑一寸八分兩舞相距七寸一分橫四寸兩銑相距九寸橫七寸一分枚三十六各長七分重二十六斤十有二兩無銘

後一器高八寸一分甬長四寸七分徑一寸五分兩舞相距六寸橫五寸二分兩銑相距七寸二分橫六寸枚三十六各長五分重一十三斤有半無銘

右二器甬皆中空前一器甬于枚鉦間遍錯雷雷之紋後一器旋上隱起雷篆篆帶之間復作花紋於舞銑則純素蓋變古未遠㕣是周末器耳

周旋紋鐘

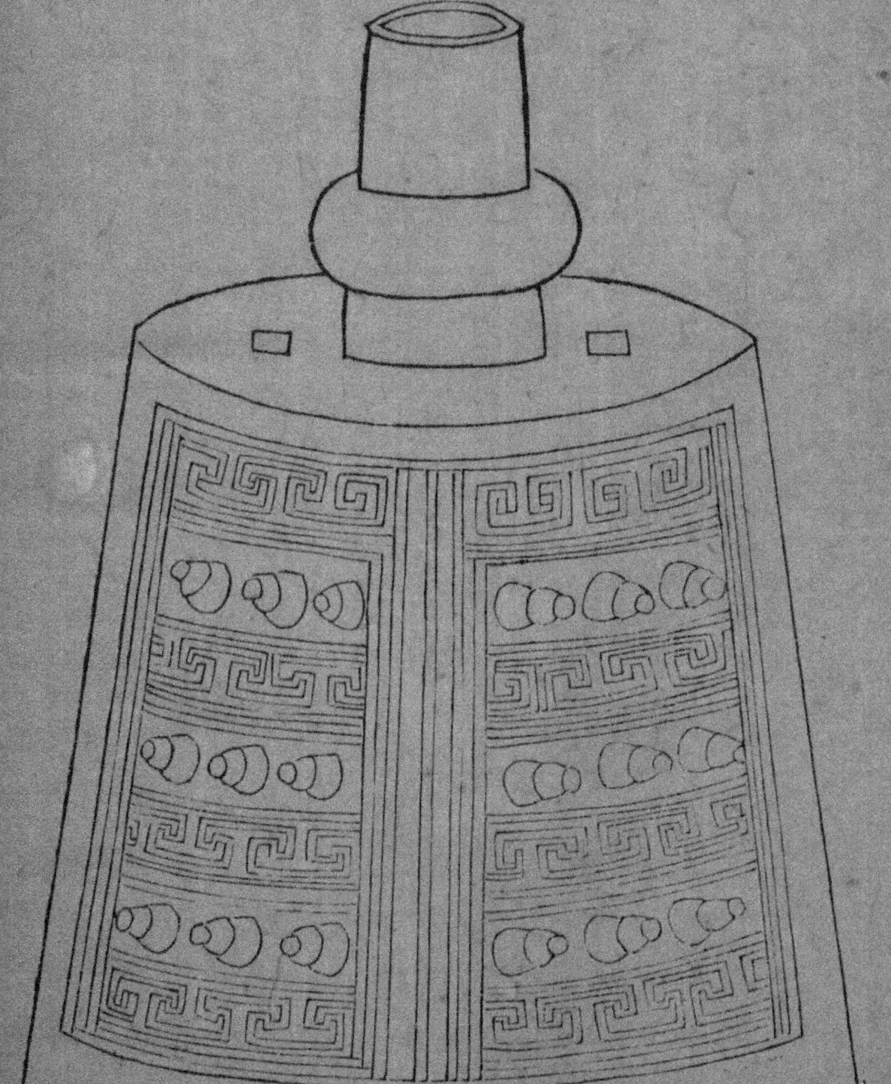

右高八寸七分甬長四寸徑一寸九分兩舞相距六寸七分横四寸五分兩銑相距八寸一分横五寸一分枚三十六各長六分重一十八斤十有一兩無銘是器製作純質而三十六枚各作螺紋旋轉之狀夫作樂之聲貴夫回旋不迫則聲之所以流暢也若乃噍以殺則知其為哀粗以厲則知其為怒是豈回旋不迫之義耶盖音聲之道與政通而昔人

於制器尚象者如此若夫量其小大則非鑄與編鐘之類其特鐘歟但潛祕深壤為日已久叩之嘶鬱無從考其所中者何聲耳

周細雷紋鐘

右高五寸三分鈕高一寸一分闊九分兩舞相距三寸三分橫二寸五分兩銑相距四寸橫五寸枚三十六各長二分重二斤十有一兩無銘枚作螺紋狀間以蟠螭頂間又為對立純以雷紋飾其鈕攷古之鼎彝多著雷紋間錯獨於樂而不猒蓋鼓鐘之音所以祀天地享鬼神交賓客錫有功非是數者而淫於樂而為流闕一字之過焉豈不如雷之有害耶又

況雷有回旋之義凡樂還相為宫以順四時
之氣則亦寓諸回旋之意也隋文帝作樂而
惟主黄鐘一均世名知樂者莫不非之事不
師古則失其深旨奚可哉

周山紋鍾

右高九寸二分甬長五寸兩舞相距六寸五分橫四寸八分兩銑相距八寸橫六寸枚三十六各長六分重二十斤無銘是鐘枚與鼓間飾以隱起山紋而於彝器中飾山者不一有曰山尊有曰山紋觚皆取夫安静之義鐘扣之小則小鳴扣之大則大鳴體則静也山亦如之動而出則氣物所自生静而入則氣物所自藏是以古人之制器其意蓋以類求焉

周實甬鐘一

博古苗 十

周實甬鐘二

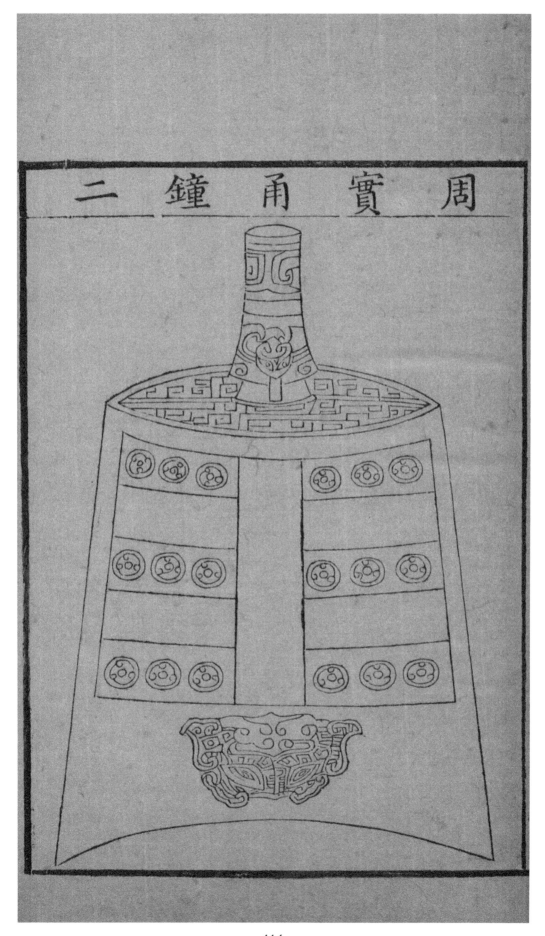

周實甬鐘三

周實甬鐘四

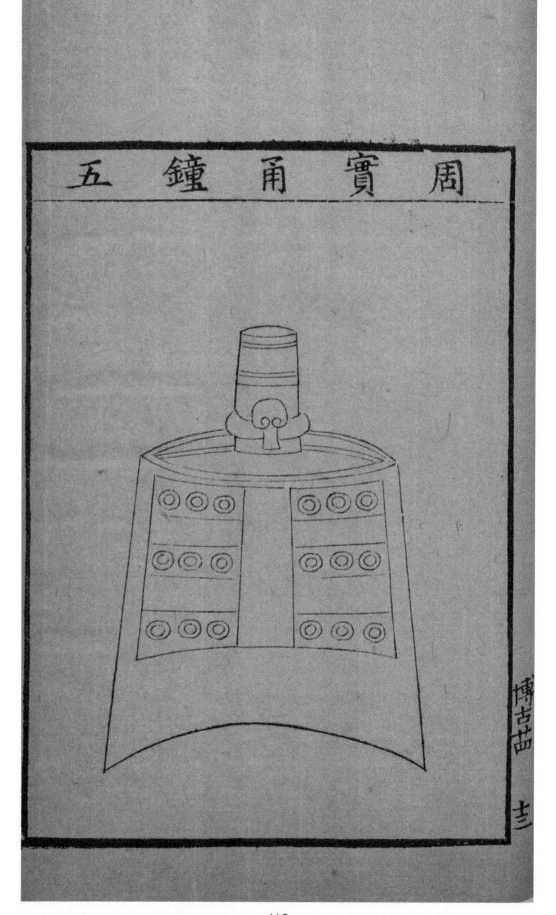

周實甬鐘五

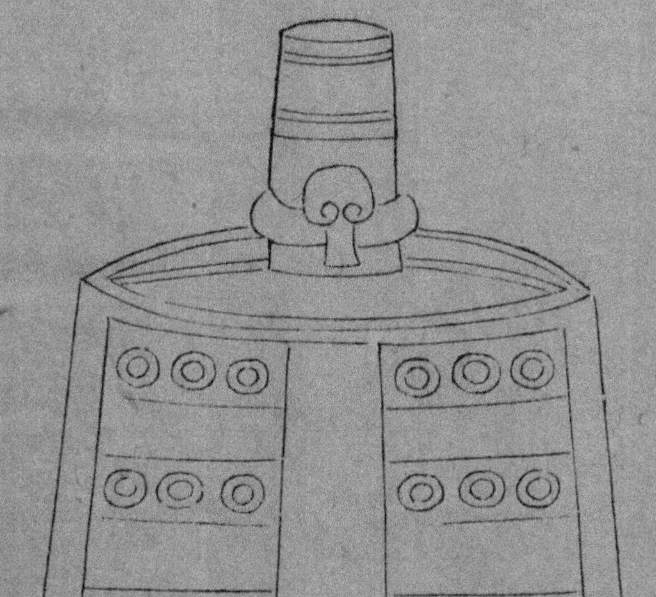

第一器高九寸甬長三寸八分徑一寸一分
兩舞相距五寸五分横四寸四分兩銑相距
七寸三分横五寸五分枚三十六各長五分
重九斤有半無銘
第二器高六寸甬長三寸徑七分兩舞相距
四寸七分横三寸九分兩銑相距五寸一分
横三寸九分枚三十六各長四分重四斤有
半無銘

第三器高四寸八分甬長二寸二分徑八分兩舞相距三寸五分橫二寸七分兩銑相距四寸橫二寸九分枚三十六各長三分重三斤二兩無銘

第四器高四寸三分甬長二寸二分徑七分兩舞相距三寸五分橫二寸七分兩銑相距三寸九分橫二寸九分枚三十六各長三分重三斤一兩無銘

第五器高四寸一分甬長二寸徑六分兩舞相距三寸五分橫二寸一分兩銑相距四寸橫二寸六分枚三十六各長三分重二斤七兩無銘

右五器雖設甬肰實而不虛其篆帶枚又皆畫出與它鐘特異大槩與漢辟邪鐘相類云

周盬紆鐘

右高一尺一寸二分甬長四寸六分徑一寸六分有旋兩舞相距六寸六分橫四寸三分兩銑相距八寸橫六寸六分枚三十六各長七分重十有二斤四兩無銘是器鼓篆間皆飾以螭紋作紆帶盤旋之狀至於鉦舞則皆純素無紋其甬爲三節而旋蟲以螭首爲之三節之上復有高下雲氣故與它器小異

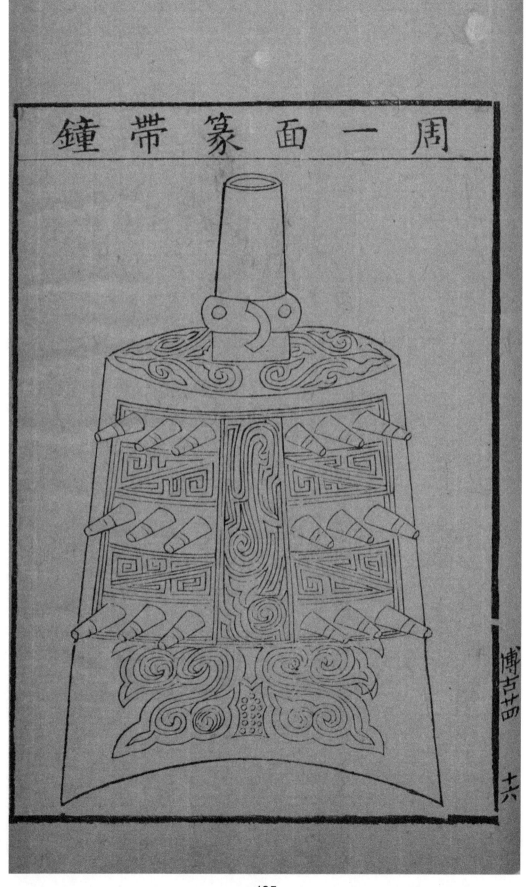

周一面篆帶鐘

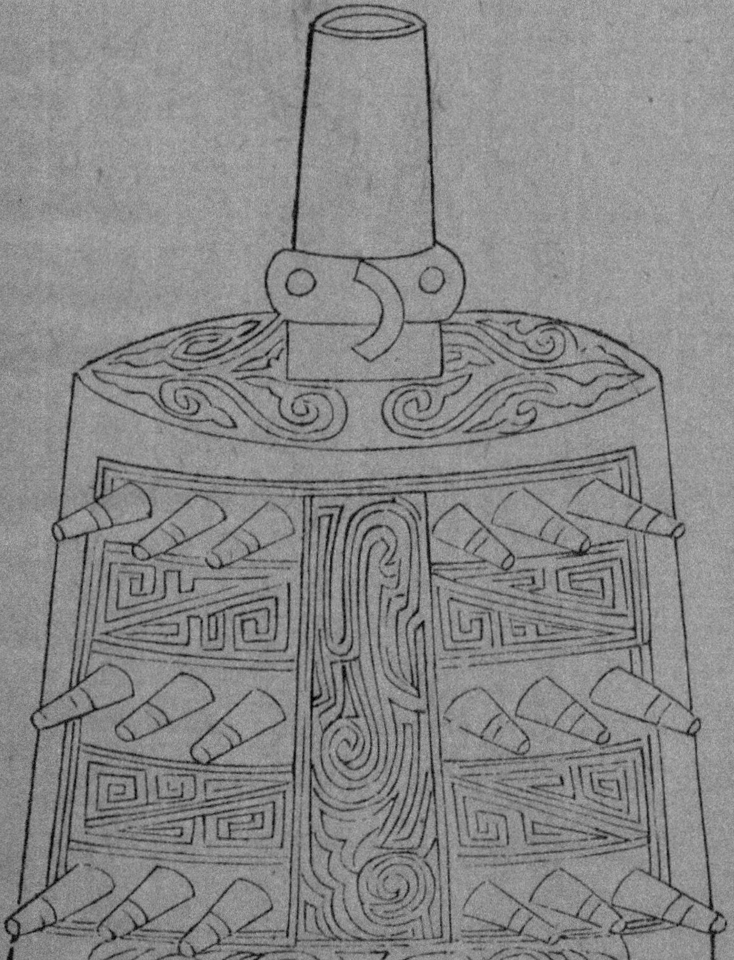

右高八寸三分甬長四寸一分徑八分有旋
兩舞相距五寸橫三寸八分兩銑相距五寸
七分橫四寸枚三十六各長一寸重七斤六
兩無銘是鐘枚間飾以篆帶而旋上與鼓間
亦作盤結紋其乳則銑舞銑俱純素脒惟飾
一面大體與一面雷紋鐘相類耳

周對螭山甬鐘

右高七寸五分甬長三寸六分徑一寸一分有旋兩舞相距四寸五分橫三寸三分兩銑相距五寸三分橫四寸枚三十六各長九分重七斤四兩無銘周衰之後制作損益故鐘甬無復舊制或作蹲熊及蟠龍辟邪之狀至漢設飾尤異此鐘周器也甬上作山形兩面出四峯鼓鉦之間有螭紋其形相對故以對螭山角名之觀其紋鏤麤畧又特飾一面其

一面枚之外無所飾雖周之物疑作者不相
沿襲以致此焉

周百乳鐘

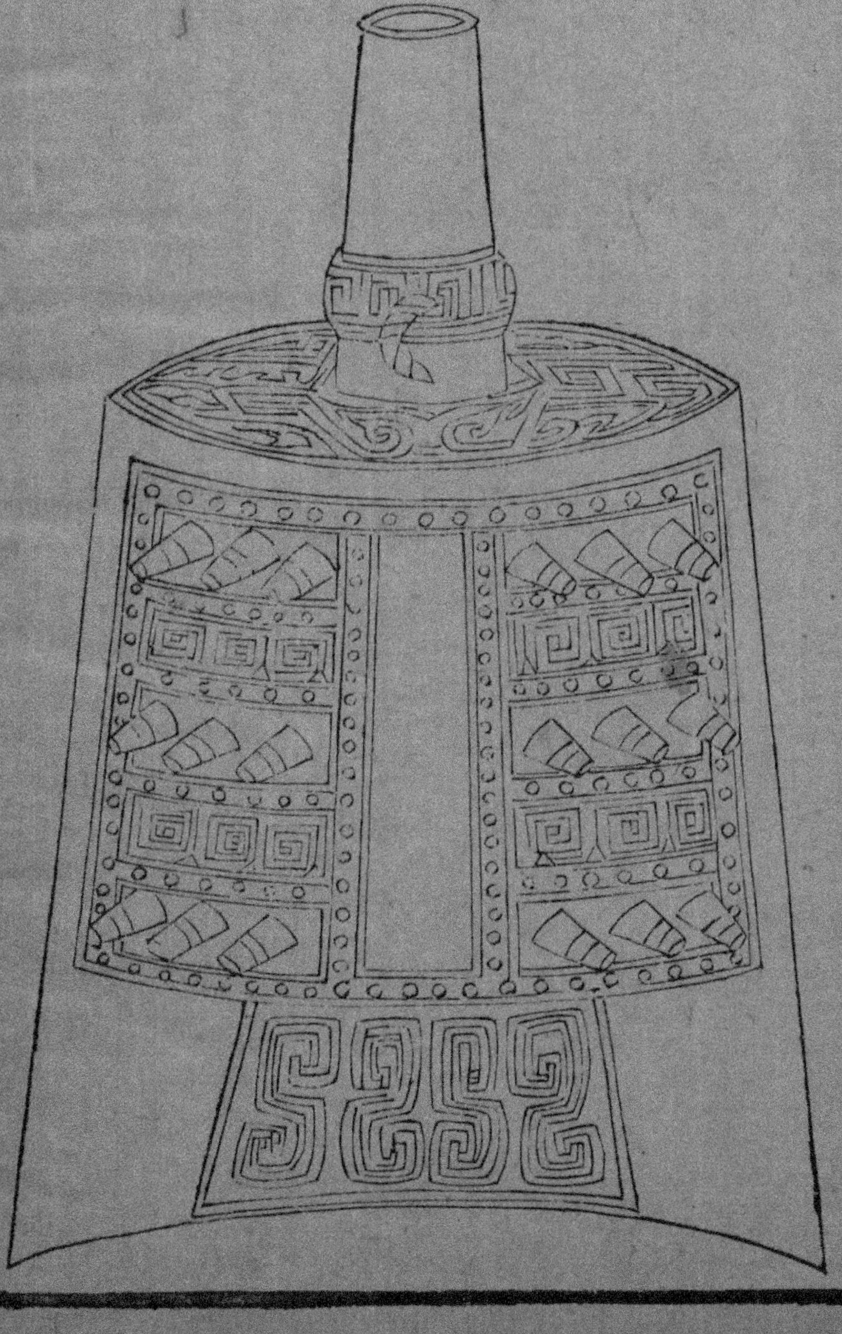

右高九寸四分甬長四寸九分徑一寸四分有旋兩舞相距八寸二分横五寸二分枚三十六各長八分重一十七斤十有二兩無銘是器枚景之外飾以百乳故與它器稍異且乳所以養人而樂亦養人語曰樂云樂云鐘鼓云乎哉則樂之道雖不在於鐘鼓而樂之作自鐘鼓始也是以禮天地諸人神育萬物莫不本於此則其為養孰大焉昔人取象立法固必有垂世之規茲器是也

周盤雲鐘

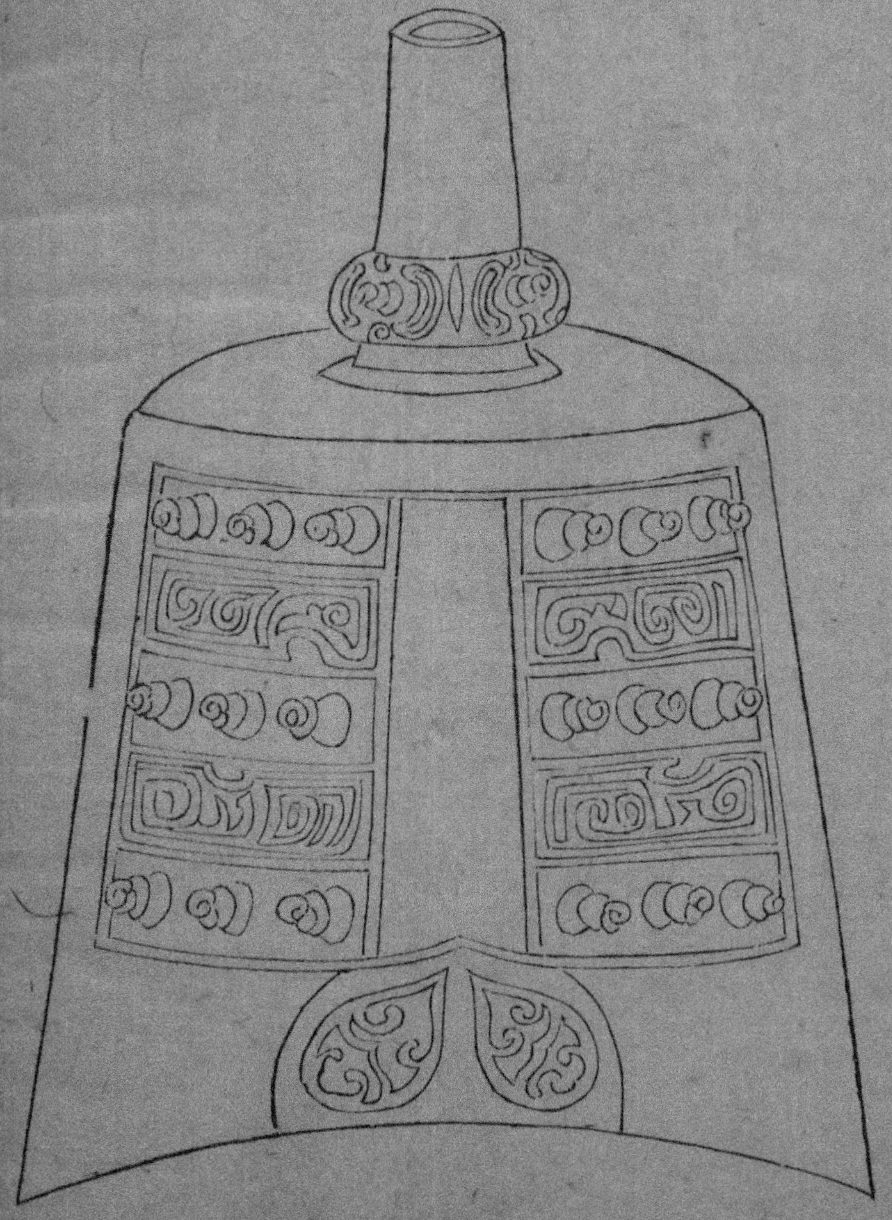

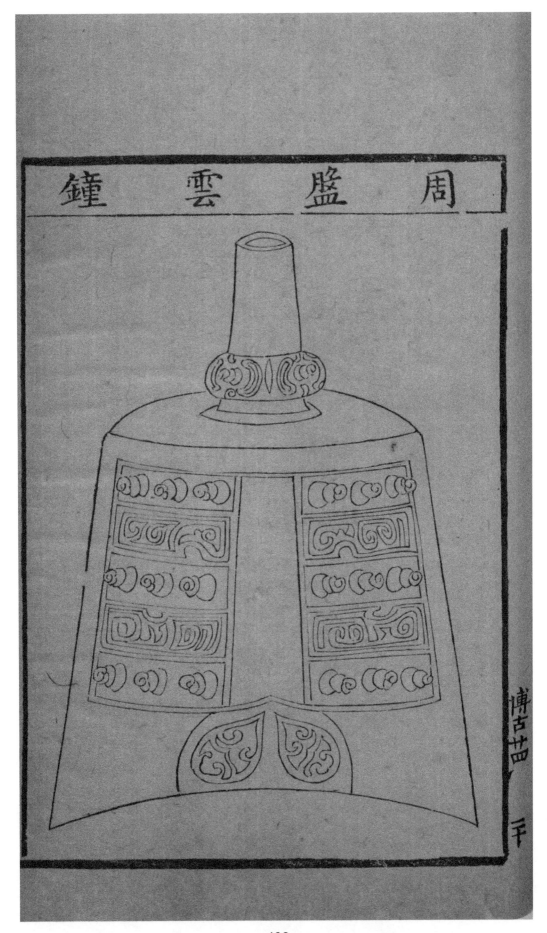

右高一尺一寸一分甬長五寸六分徑二寸兩舞相距九寸四分横六寸一分兩銑相距一尺八分横七寸七分枚三十六各長七分重四十二斤有半無銘作蟠雲之飾夫雲之為物所以善利萬物者也然既需渃既足而或過焉則亦或為害樂之作也似之茍非其時是亦為荒亡流連之害耳

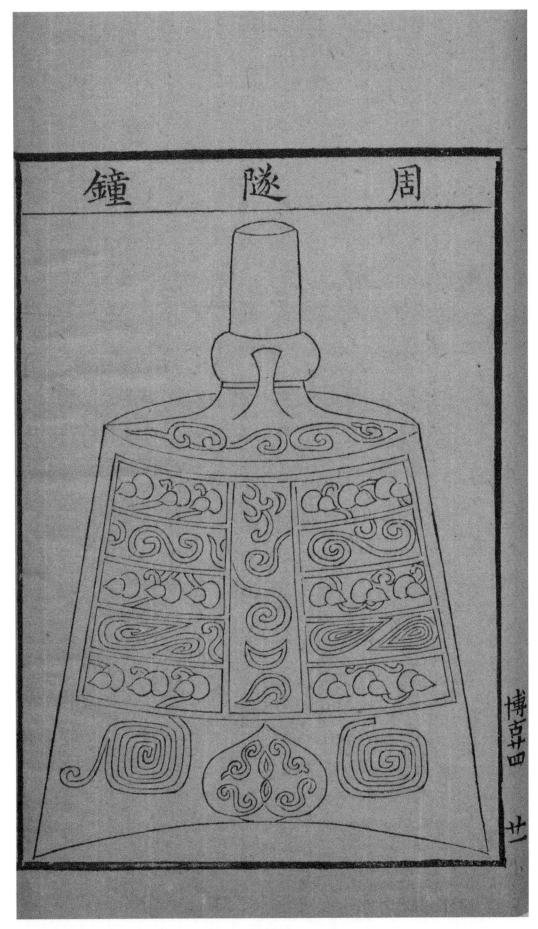

周隧鐘

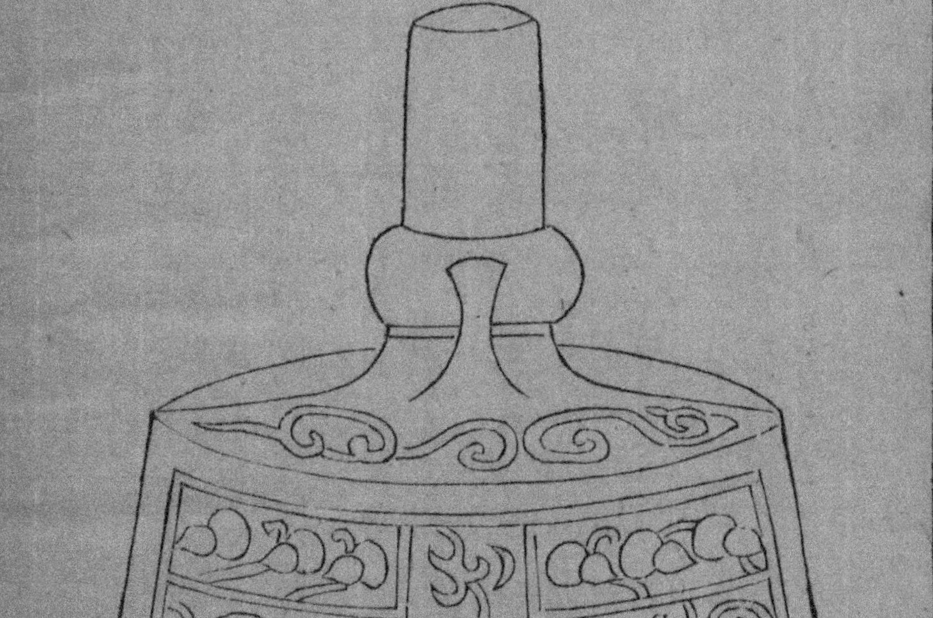

右高八寸八分甬長四寸二分徑一寸二分兩舞相距五寸七分橫四寸一分兩銑相距五寸橫三寸九分枚三十六各長五分重十有一斤六兩無銘是鐘於鼓間隱起而中微窊則周官鳧氏所謂隧歟蓋隧在鼓之中干之上所擊之處窊而生光有似夫隧然一謂之𢷾者𢷾弊也凡物擊之則弊耳

周山鐘一

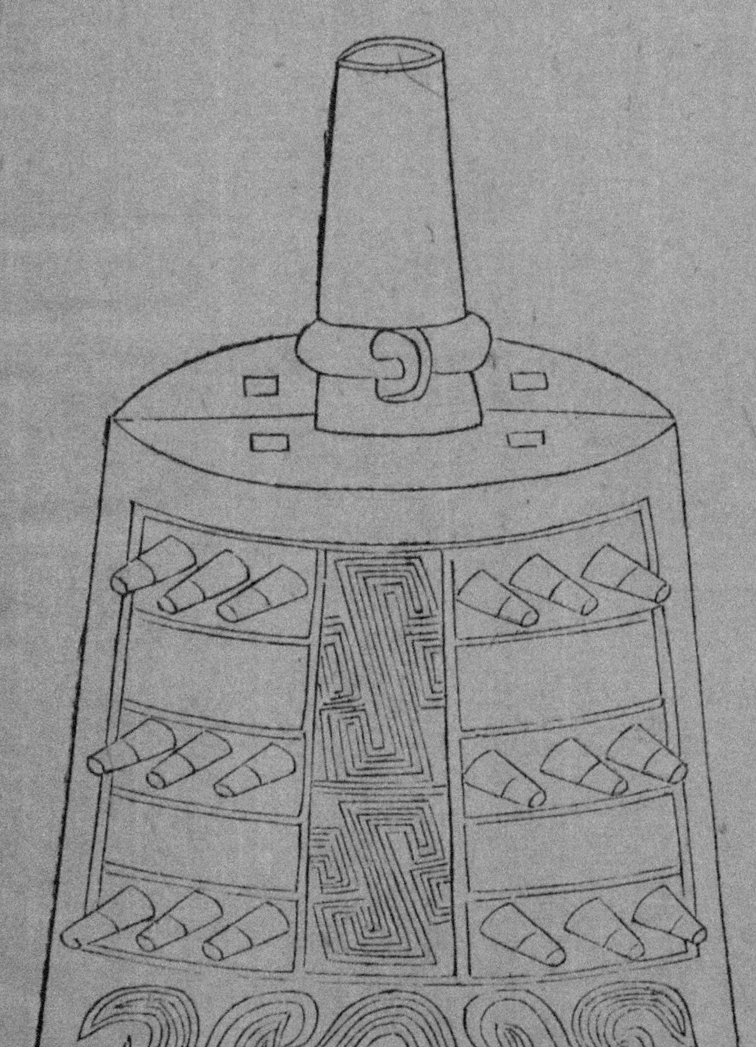

周山鐘二

周山鐘三

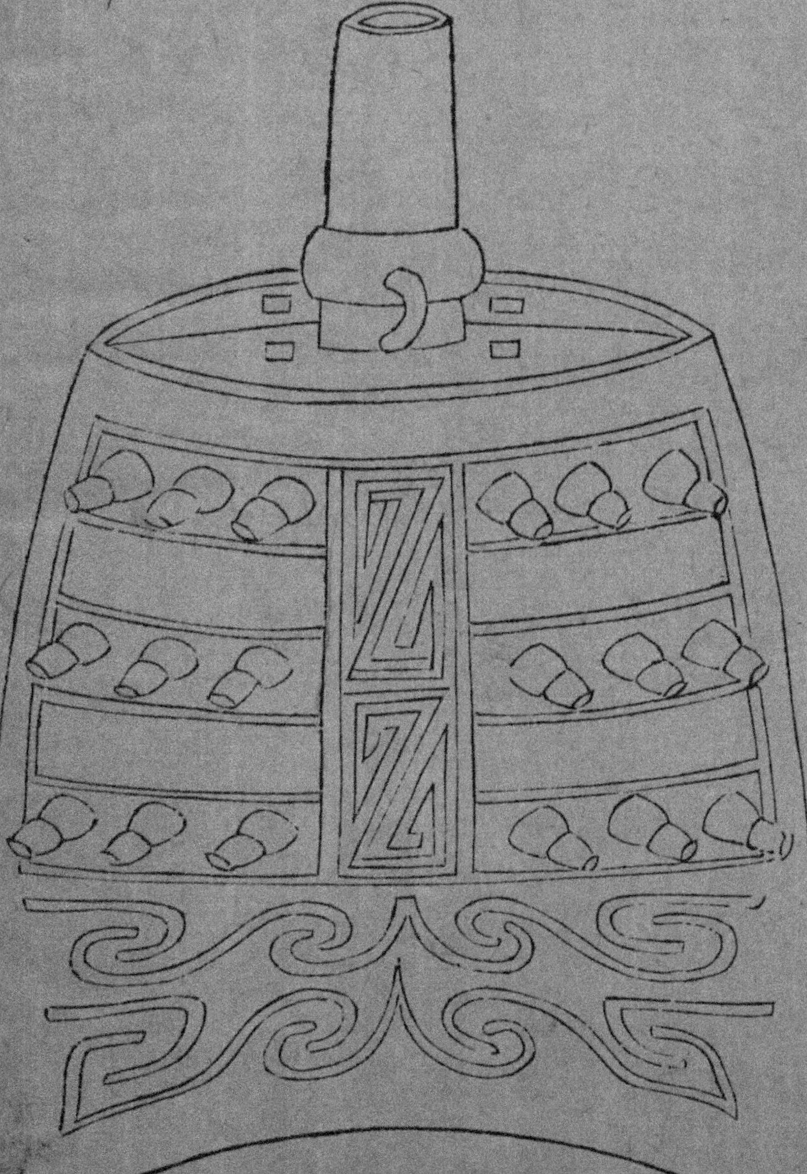

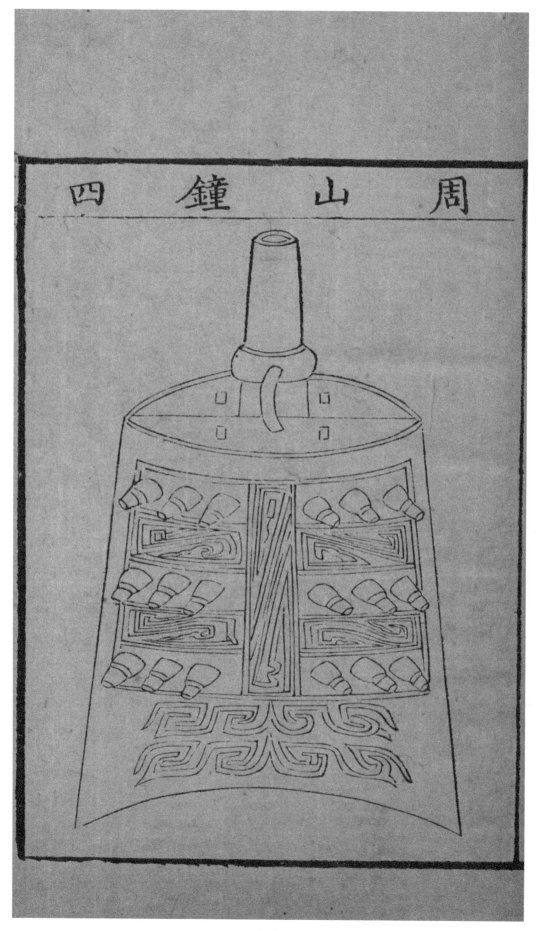

周山鐘四

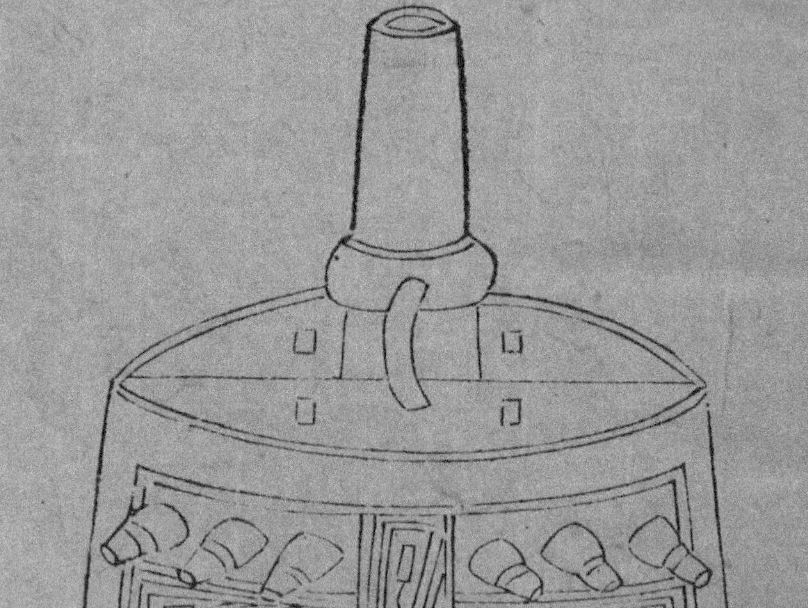

周山鐘五

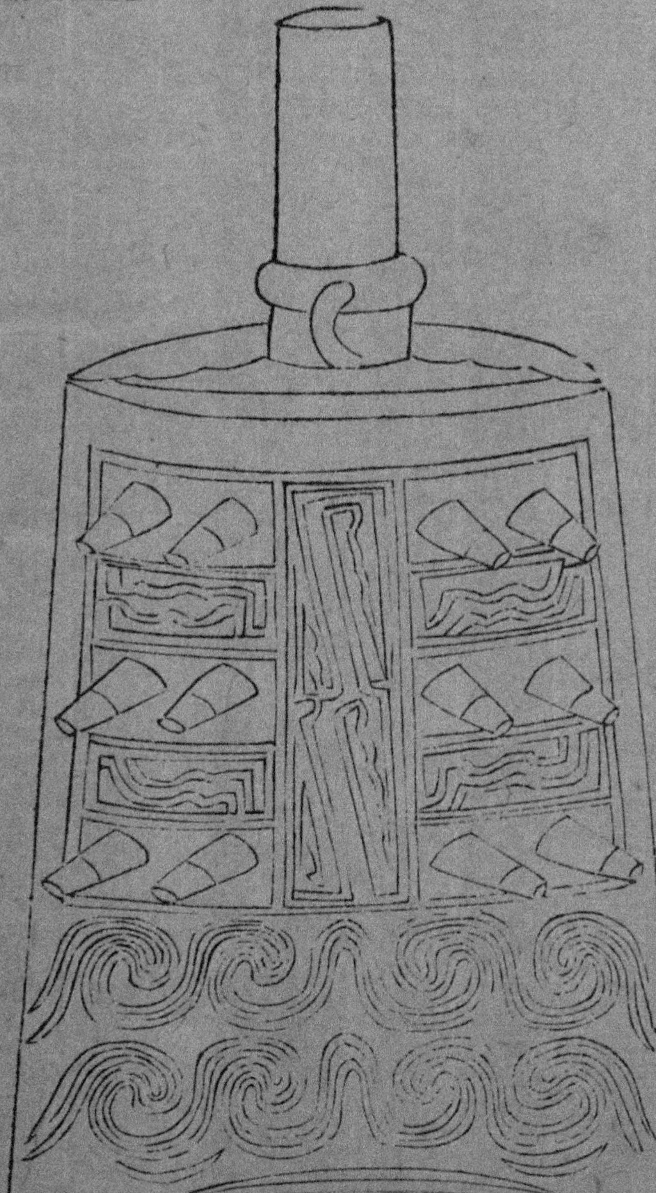

周山鐘六

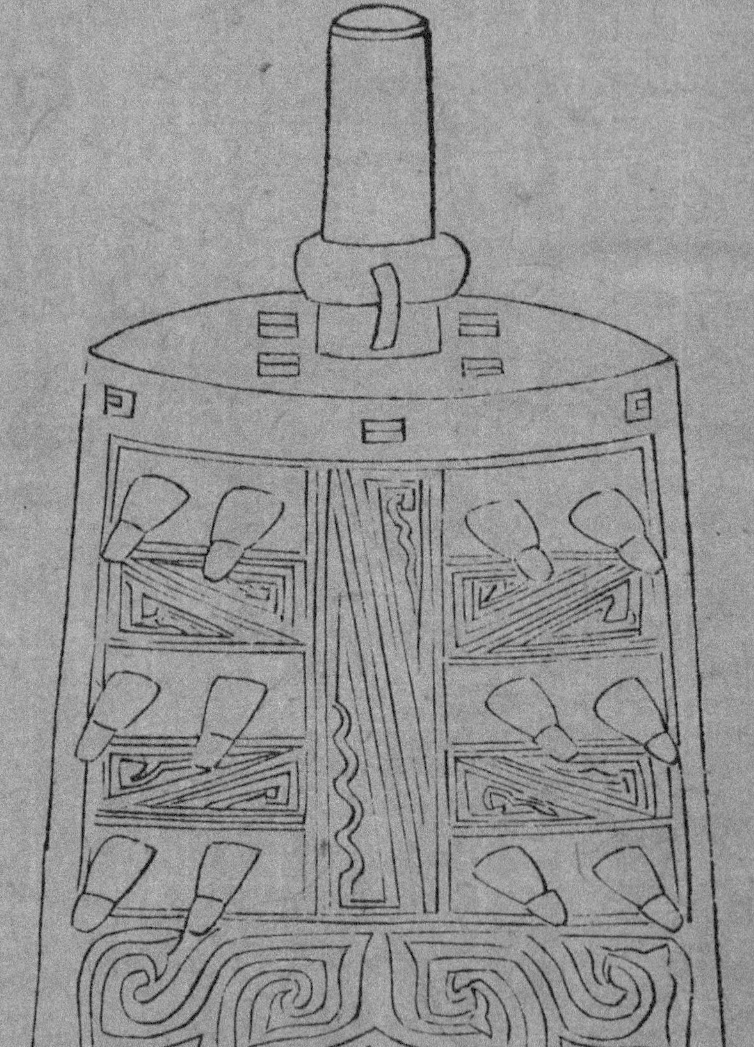

第一器高一尺一寸二分甬長三寸八分徑九分有旋兩舞相距五寸四分橫三寸五分兩銑相距七寸八分橫四寸六分枚三十六各長一寸一分重九斤有半無銘

第二器高九寸八分甬長三寸六分徑九分有旋兩舞相距五寸一分橫三寸六分兩銑相距五寸三分橫四寸三分枚三十六各長七分重七斤無銘

第三器高八寸六分甬長三寸徑八分有旋兩舞相距四寸三分橫三寸一分兩銑相距五寸五分橫三寸五分枚三十六各長七分重五斤四兩無銘

第四器高七寸六分甬長三寸一分徑七分兩舞相距四寸一分橫二寸八分兩銑相距五寸橫三寸四分枚三十六各長七分重四斤一兩無銘

第五器高七寸一分甬長二寸五分徑七分兩舞相距三寸七分横二寸三分兩銑相距四寸三分横三寸枚二十四各長七分重三斤一十兩無銘

第六器高七寸甬長二寸七分徑七分兩舞相距三寸八分横二寸四分兩銑相距四寸五分横三寸枚二十四各長六分重三斤一兩無銘

右六器並於鼓間各作山形起伏其上如篆帶

狀且攷諸鐘之枚或以三三為數或以兩兩為
數或以三四為數以兩兩為數者今第五器與
第六器是也以三四為數者六朝匾鐘是也蓋
三三者數之奇兩兩者數之耦取其奇者樂由
陽來陽奇故也用數之耦者耦屬陰而鐘陰屬
也凡彝器多以山為飾若山尊山爵山觚山罍
蓋各有意義而此六鐘皆以山飾之者山以象
仁而樂者可以通人神阜萬物不其仁之至乎

周小編鐘一

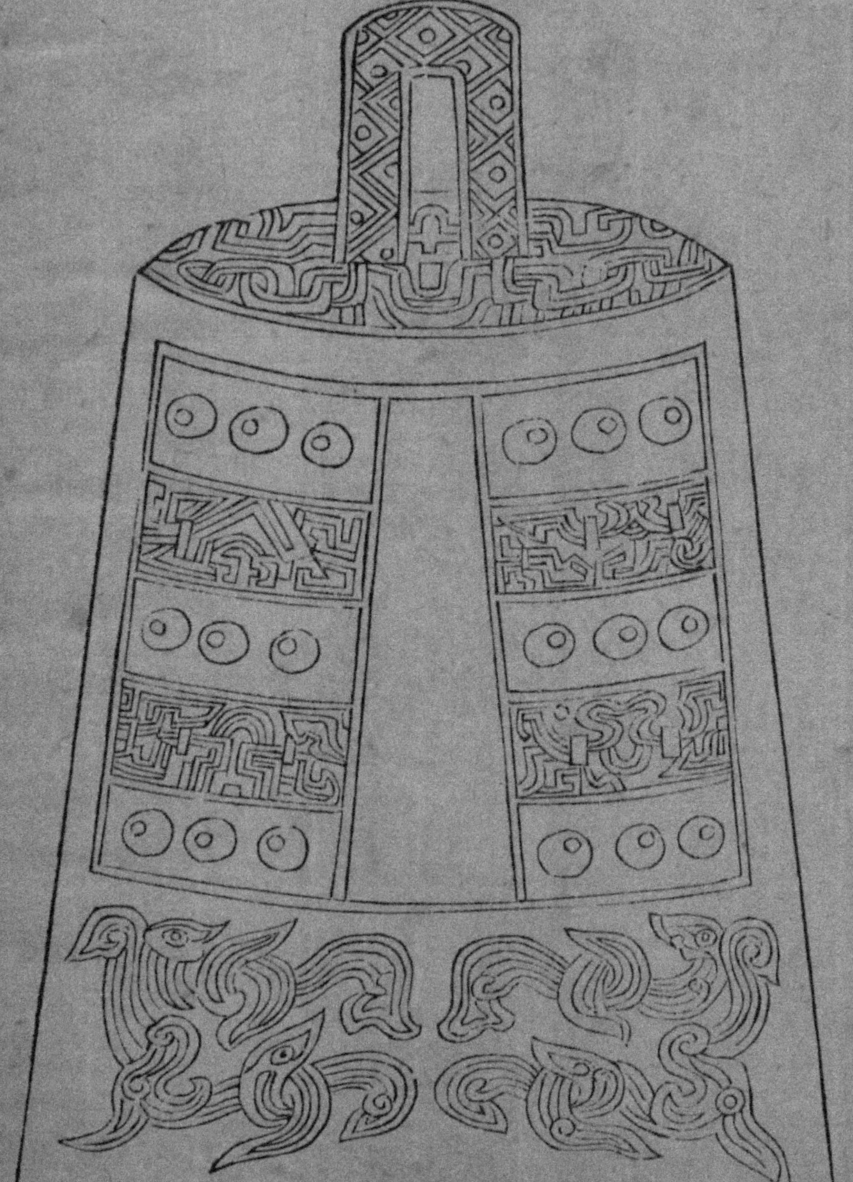

周小編鐘二

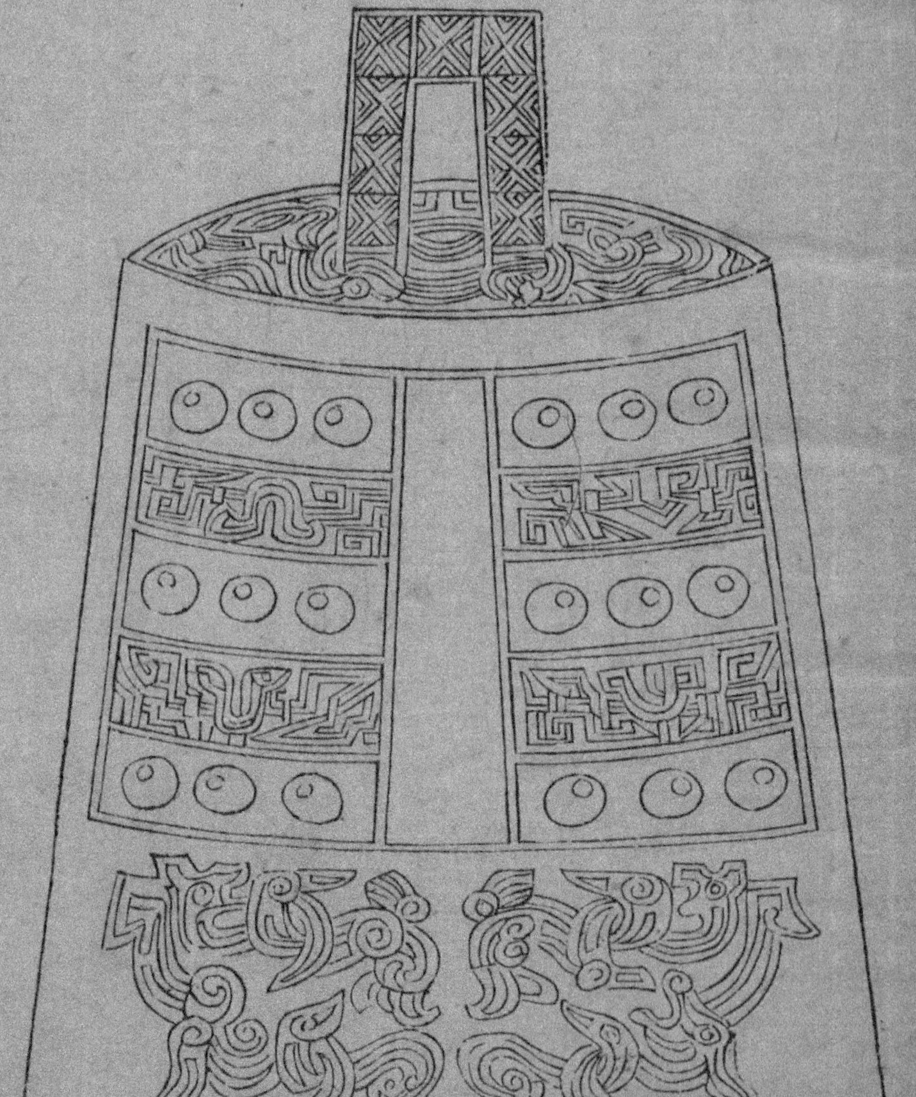

周小編鐘三

周小編鐘四

周小編鐘五

周小編鐘六

周小編鐘七

周小編鍾八

周小編鐘九

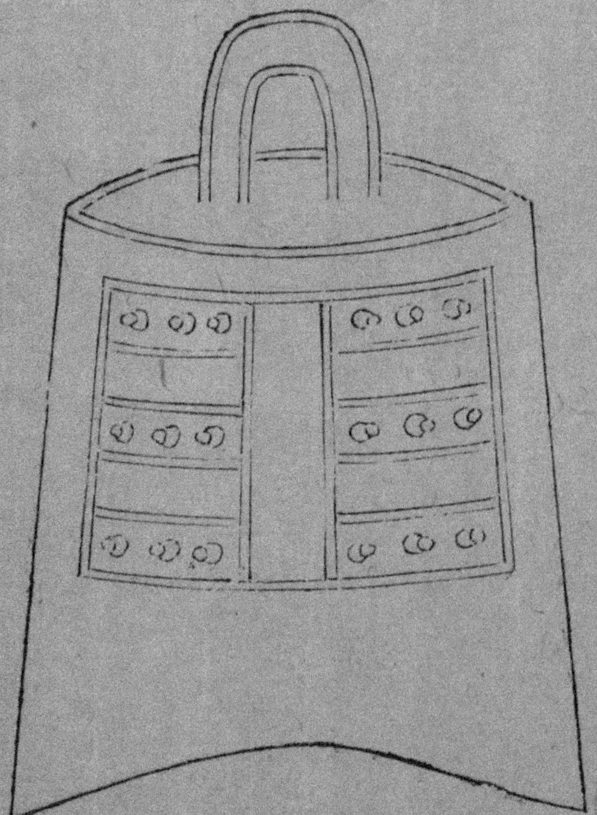

第一器高七寸四分鈕高二寸一分闊一寸四分兩舞相距四寸三分横三寸一分兩銑相距五寸三分横四寸二分枚三十六各長三分重五斤有半無銘

第二器高七寸四分鈕高二寸闊一寸四分兩舞相距四寸三分横三寸兩銑相距五寸四分横四寸二分枚三十六各長三分重五斤四兩無銘

第三器高七寸鈕高二寸一分闊一寸兩舞相距四寸一分橫二寸九分兩銑相距五寸橫三寸六分枚三十六各長三分重四斤十有二兩無銘

第四器高六寸八分鈕高二寸闊一寸五分兩舞相距四寸一分橫三寸兩銑相距五寸橫三寸六分枚三十六各長三分重四斤一兩無銘

第五器高六寸二分鈕高一寸九分闊一寸四分兩舞相距三寸八分橫三寸一分兩銑相距四寸七分橫二寸七分枚三十六各長三分重三斤十有二兩無銘

第六器高五寸九分鈕高一寸九分闊一寸一分兩舞相距四寸三分橫三寸五分兩銑相距四寸四分橫四寸三分枚三十六各長一分重一斤十有五兩無銘

第七器高四寸六分鈕高一寸五分闊一寸二分兩舞相距三寸六分橫二寸九分兩銑相距三寸五分橫一寸九分枚三十六各長二分重一斤十有五兩無銘

第八器高四寸六分鈕高一寸五分闊一寸二分兩舞相距二寸八分橫一寸九分兩銑相距三寸橫二寸四分枚三十六各長二分重二斤一兩無銘

第九器高三寸七分鈕高一寸三分闊一寸一分兩舞相距二寸四分橫二寸兩銑相距二寸八分橫一寸八分枚三十六各長二分重一斤五兩無銘

右嘗考律呂之制自黃鐘九寸等而下之至應鐘四寸七分用以合陰陽之數至於為鐘小大增益悉考於律故聲皆協應而不乖此鐘數雖未備然其形制高下遞殺以小盖亦

取於律也彼禮圖編鐘類皆一等未嘗參差如此蓋以厚薄取聲而不知先王以律為本惜乎甬變而為環鈕枚景變而為旋螺稽之周官制度故已小異蓋其文飾氣韻與許子鐘頗相類殆晚周之物而文益勝耳

博古圖錄考正卷第二十四